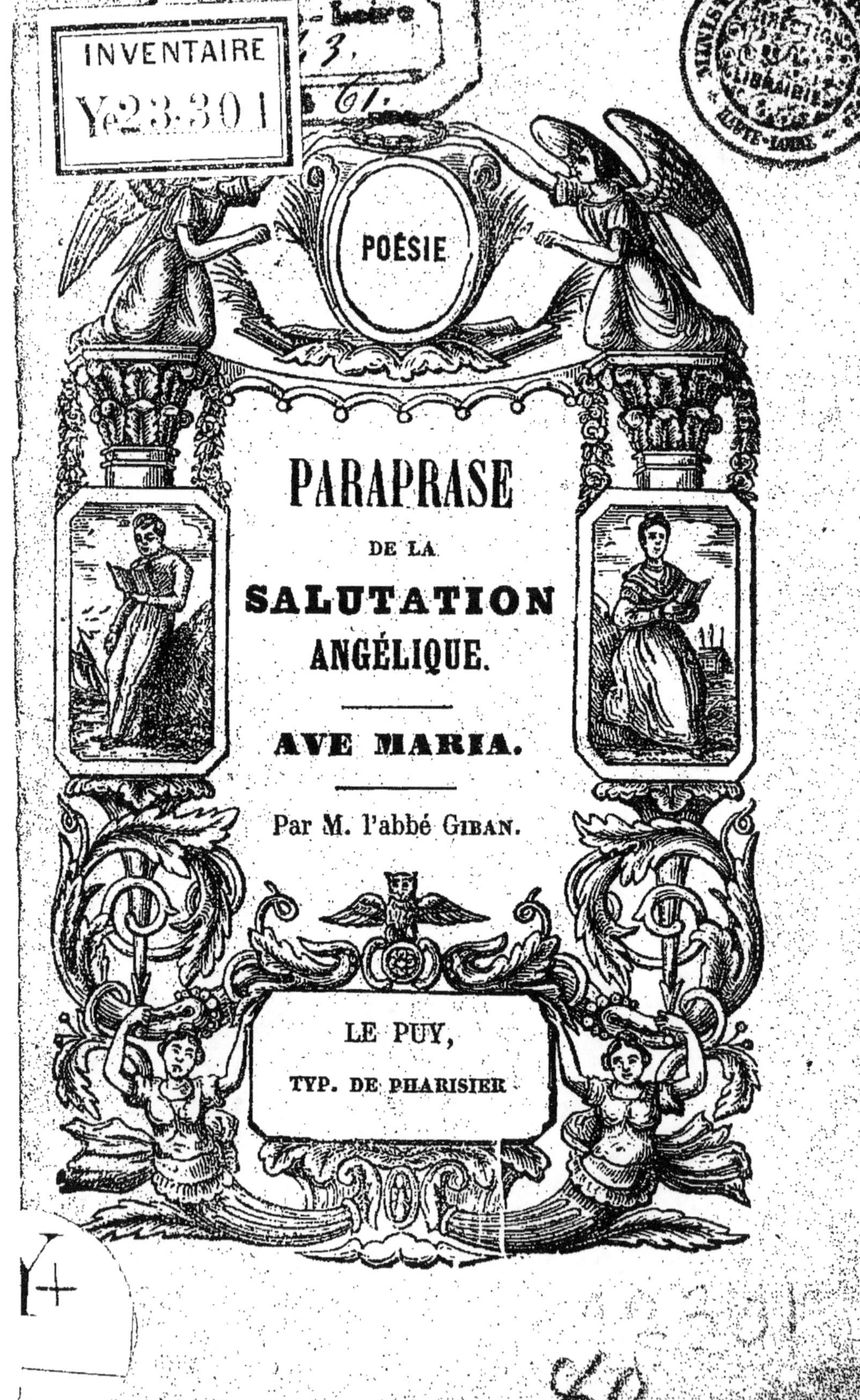

PARAPRASE

DE LA

SALUTATION

ANGÉLIQUE.

AVE MARIA.

Par M. l'abbé Giban.

LE PUY,

TYP. DE PHARISIER

PARAPHRASE

DE

LA SALUTATION ANGÉLIQUE.

AVE MARIA.

Par M. l'abbé GIBAN.

LE PUY,

TYPOGRAPHIE DE I. PHARISIER.

1861.

PARAPRASE

DE

LA SALUTATION ANGÉLIQUE.

AVE MARIA.

CHAPITRE Ier.

D'où vous vient, ô Marie, une si grande gloire?
Pour vous seule un salut si digne de mémoire;
Il vous est présenté par l'ange Gabriel,
Qui jadis annonça le Christ à Daniel.
Quoi! l'insigne faveur d'être d'un Dieu la mère!
Il vient vous inviter d'accomplir ce mystère.
Sa présence vous trouble, et votre humilité
Ne veut se rendre au choix de cette dignité.
L'Ange en vain vous rassure en faisant votre éloge;
Mais à l'humilité votre cœur ne déroge;
Vous aurez, vous a dit, du Seigneur le héraut,
Un fils qui sera grand, nommé fils du Très-Haut;
Du roi David, son père, il aura la couronne;
Le sceptre de Jacob, Dieu même le lui donne;
Son règne est de tout temps, n'aura jamais de fin:
Tel fut de Gabriel l'oracle tout divin.
Et Marie, à ces mots, qui depuis son enfance
S'était vouée à Dieu par libre préférence,

Etait-ce lis brillant d'éclatante blancheur,
Dont l'Esprit-Saint voyait sans tache la candeur.
Marie à ce discours refuse de se rendre ;
Elle avait fait un vœu, ne pouvait s'en défendre.
L'Ange lui dit: en vous l'Esprit-Saint descendra,
Et l'ombre du Très-Haut sur vous se répandra.
Rassurez-vous, le fruit qui de vous devra naitre
Sera le Fils de Dieu, se fera reconnaitre.
Non, non, n'en doutez pas; sachez qu'Elisabeth
Femme de Zacharie, et près de Nazareth,
Dans un âge avancé, depuis longtemps stérile,
Déjà depuis six mois aux mères s'assimile ;
Rien d'impossible à Dieu. La Vierge consentit ;
Le verbe s'incarna comme l'Ange le dit.
O sainte humilité, voilà donc ta puissance !
Oui, la virginité, malgré son excellence,
Ne saurait plaire à Dieu, si cette pureté
N'a pas pour son manteau la vraie humilité.
De toutes les vertus vraiment c'est la première ;
A notre humanité c'est la plus salutaire ;
De toutes les vertus elle est le fondement ;
Heureux qui la pratique et la suit saintement.
Cette vertu toujours fut nécessaire au monde,
Où l'orgueil avait fait une empreinte profonde ;
Et nos premiers parents, une fois criminels,
Firent de leurs enfants de malheureux mortels ;

Et Marie, au contraire, avouant sa bassesse,
Mérita de son Dieu le comble de largesse ;
Plus elle avait reçu de grâces du Seigneur,
Plus elle humiliait son esprit et son cœur ;
De son Dieu s'avouant une indigne servante,
Du Très-Haut proclamant la volonté puissante.
Si l'on peut dire un mot sur sa virginité,
Qu'elle offrit tout d'abord à la divinité,
Cette vertu si belle à Dieu fut agréable,
Et Marie y trouvait un attrait ineffable ;
Pour conserver surtout ce trésor précieux,
Elle aurait décliné le titre glorieux
D'être du fils de Dieu la Mère bienheureuse,
Si la maternité n'était miraculeuse.
Vierges de Jésus-Christ, voilà votre leçon !
Ah ! qu'elle soit l'objet de votre attention !
Cette vertu sans doute est vraiment angélique ;
Il faut pour la louer une voix séraphique ;
Mais si l'humilité ne vous sert de soutien,
Prenez garde, bientôt vous perdrez ce grand bien.
Qu'il est saint cet état que n'a pas tout le monde !
Quelle grâce excellente en mille autres féconde !
Mais tremblez, apprenez à la faire valoir,
Pour que l'époux un jour daigne vous recevoir
Au céleste banquet qu'aux vierges il prépare ;
Et que l'amour divin des folles vous sépare ;

Soyez humbles de cœur, ayez la charité ;
Du lis de l'innocence ayez la pureté ;
Au festin de l'agneau vous serez introduites ;
Les autres à la porte en se voyant réduites
Frapperont mais en vain disant : Seigneur, Seigneur ;
L'époux leur répondra : pourquoi cette lenteur !
Je ne vous connais pas ; allez, je vous l'assure,
De mes bienfaits souvent j'entendis le murmure.
De bons désir le cœur était bien animé,
Mais tout se commençait, rien n'était consommé.
Vous preniez, je le sais, des moyens de prudence,
Mais le salut pour vous n'était qu'*indifférence ;*
Vous donniez à vos sens de funestes plaisirs,
Mais pour moi votre cœur était faible en soupirs ;
Bonnes œuvres, c'est vrai ; mais souvent imparfaites ;
Pour attendre l'époux vous n'étiez jamais prêtes ;
Je ne vous connais pas, n'entrez pas au festin.
Hélas ! combien auront cette funeste fin.
Cinq vierges ont ce sort faute de prévoyance ;
Cinq autres le bonheur, prix de leur vigilance ;
Ce festin, c'est la gloire au royaume des cieux,
Où la vierge au cœur pur voit l'époux glorieux.
O terrible leçon aux âmes impudiques,
Qu'Ambroise, avec raison, appelait diaboliques ;
Et si la vierge folle est mise hors du banquet,
C'est que l'esprit, pour Dieu, toujours était distrait.

Que sera-ce de l'âme où domine le vice,
Qui d'abime en abime entraine au précipice ?
Oui la vertu sans doute est dure à pratiquer :
Car la chair à l'esprit vient souvent s'attaquer ;
Mais le chrétien toujours et peut et doit combattre,
Par la tentation ne se laisser abattre,
Il lutte en vain souvent : que faire en ce malheur ?
Elever vers son Dieu son esprit et son cœur.
Un saint dit sagement : évitez donc le piège ;
Un autre ajoute encor : en vain la chair assiège ;
En fuyant le danger vous ne sauriez périr ;
C'est ce qu'ont fait jadis le saint et le martyr.
Le jeûne dompte aussi des sens la convoitise :
Du chrétien la vertu doit être la devise,
Mettre un frein à sa langue et veiller sur ses yeux :
C'est par là bien souvent qu'on devient vicieux.
Si la chair est rebelle, il faut la circoncire,
Bienheureux qui la dompte et détruit son empire ;
Le seul et vrai moyen, c'est de faire oraison,
Et de la pureté vous obtiendrez le don ;
A Dieu seul adressez votre ardente prière,
Si vous voulez qu'en vous ce don céleste opère.
Invoquons donc Marie : à ce nom si puissant
L'ange impur et la chair se tairont à l'instant.
Par les tentations que d'âmes tourmentées
Les ont par ce nom seul aussitôt surmontées !

O Marie, hâtez-vous, venez, secourez-nous ;
En vous est notre espoir, notre espoir le plus doux.
Oui, Marie est un nom, au démon redoutable,
Qui vaut contre l'enfer une armée innombrable.
Saluons donc Marie, elle a tant mérité
De tout le genre humain par sa maternité.
Si l'Incarnation est un divin mystère,
Par elle il a produit un effet salutaire :
Eve nous engendra dans la corruption,
Marie en prépara la réparation....
Si l'ange ténébreux rendit Eve orgueilleuse,
Par son humilité Marie est bienheureuse :
Eve entend prononcer le triste arrêt de mort,
Marie entend le mot qui révoque ce sort ;
A ressembler à Dieu de même qu'Eve aspire,
De Marie envers Dieu l'humilité soupire ;
Eve crut au serpent, sa curiosité
La rendit malheureuse et sa postérité ;
Mais Marie, au contraire, obéissant à l'ange,
De l'homme le malheur en vrai bonheur se change ;
Eve devant son Dieu se cache et veut s'enfuir,
Pressentant tous les maux menaçant l'avenir ;
Marie avait reçu la faveur bien insigne
D'avoir Dieu dans son sein et de s'en rendre digne ;
Pour nous donner la mort Eve cueillit le fruit,
Et le fruit de Marie à la vie introduit ;

De Dieu, comme infidèle, une Eve fut maudite,
La seconde en sa foi nous acquit du mérite ;
Eve enfin nous perdit, disait Tertullien,
Le même sexe vint opérer notre bien ;
L'antique race était proscrite et condamnée,
Mais une Eve nouvelle était prédestinée,
Qui devait écraser la tête du serpent,
Et donner à la terre un Dieu tout bienfaisant,
Mourant sur une croix pour le salut du monde.
O merveilleux mystère ! ô sagesse profonde !
Nous étions malheureux sans espoir de salut ;
Dieu seul a le moyen d'arriver à ce but ;
D'un Adam vient la mort, d'un autre vient la vie,
Celui-ci par sa mort au péché rémédie ;
Un arbre avait un fruit qui fut un vrai poison,
Et la croix se dressa pour la rédemption ;
Adam goûta le fruit, mais un fruit mortifère,
Et le sang de Jésus pour nous fut salutaire.
Ainsi pour nous sauver, Dieu faisait concourir
Ce qui pour le malheur avait pu nous servir ;
Des deux sexes venaient le malheur, la souffrance,
Des deux sexes aussi vient notre délivrance ;
Encore, ô profondeur, dans les conseils divins !
Ces deux sexes mortels sont formés par ses mains ;
Une Eve immaculée au monde vint paraître,
D'elle pour nous sauver le Verbe devra naître ;

En elle descendit la vertu du Très-Haut,
Vertu dont la puissance éclate quand il faut ;
Jésus, pour nous sauver, s'offrit en sacrifice,
Et Marie, après lui, fut coopératrice ;
Deux sexes firent donc la race des vivants,
Et deux sexes aussi la race des mourants ;
Le Verbe, sans quitter sa nature incréée,
Vint naître parmi nous de mère immaculée ;
Pour ce double mystère, ô quels enchaînements !
Nous découvre la foi dans les deux testaments !
Mais l'amour de Marie et son obéissance
Ont établi pour nous son amour, sa puissance ;
Nous sommes ses enfants, les frères du Sauveur ;
C'est aux pieds de la croix qu'elle immole son cœur,
Et nous promet toujours sa bonté maternelle ;
Jusqu'au dernier moment elle sera fidèle ;
De ses faveurs jamais ne s'interrompt le cours ;
Aussitôt qu'on l'invoque, elle vient au secours ;
Quand le juste la prie, elle est encor plus prompte ;
Que le pécheur aussi sur elle-même compte.
Ah ! gardons-nous surtout de jamais l'oublier,
Son cœur s'est par amour laissé crucifier ;
Comme dans une mer, elle eut l'âme abîmée :
Mais l'amour la tenait pour nous vive, animée ;
Nous sommes tous hélas ! ses enfants de douleur,
Elle veille sur nous, nous porte dans son cœur.

Sur le Calvaire elle eût le cœur percé d'un glaive ;
Sa vive charité la rendît nouvelle Eve :
Femme, lui dit Jésus, avec moi vous souffrez ;
Je souffre par amour, et vous de même aimez ;
Le monde par mon sang revit, se régénère ;
L'amour divin le veut, par ma croix soyez mère ;
Femme, voilà ton fils, et Jean était montré.
Marie à ce moment a le cœur déchiré ;
Parole qui la tue et pourtant la féconde ;
Elle aime sur le champ, comme son fils le monde ;
Oui, déjà par amour la Sainte Trinité
L'avait placée au rang de la maternité,
En lui donnant Jésus pour notre délivrance ;
Mais cet amour voulait nous donner l'espérance
Quelle serait pour tous une mère commune,
Qui pût secourir l'homme en sa triste infortune ;
Ce miracle d'amour s'opère sur la croix,
C'est l'arbre du salut ; et comme Eve autrefois
Avait avec Adam goûté le fruit funeste,
En violant de Dieu l'ordre bien manifeste,
Un autre arbre devait donner un meilleur fruit,
Et nous ouvrir le Ciel d'où l'homme était proscrit ;
Un autre Adam devait s'abreuver d'amertume ;
Tout le mal du péché sur sa tête il l'assume ;
Eve goûta du fruit la perfide douceur ;
Une autre Eve devait en subir la douleur ;

Un arbre nous donna l'ombre de l'esclavage ;
Et de la liberté la croix fut l'apanage ;
Une Eve nous perdit par l'odieux serpent,
Et libre le chrétien d'une autre Eve est l'enfant.
Que ne devons-nous pas à l'amour de Marie !
Elle est vraiment pour nous la mère de la vie.
On raconte en tous lieux sa gloire et ses bienfaits ;
Elle comble souvent nos vœux et nos souhaits.
O chrétiens, prenons part à ses dures souffrances,
Si nous voulons avoir de sûres espérances ;
Ses enfants n'aiment pas du monde les plaisirs,
L'éclat de la grandeur, ni tous ses vains désirs ;
Mais on voit bien plutôt leurs âmes pénitentes,
Avec elle humblement, patiemment souffrantes ;
On les voit, on les trouve au chemin de la croix,
Chemin que dans la vie il faut aimer par choix ;
La foi, comme l'amour les conduit au calvaire,
Et là, voyant souffrir et le fils et la mère :
O mère, disent-ils, nous sentons vos douleurs ;
Gravez-là, cette mort, gravez-là dans nos cœurs ;
Ah ! puisons-y toujours l'amour de la souffrance,
Et puisse-t-elle aussi nous servir de défense !
Croix sainte d'où découle un sang si précieux,
D'où se répand la grâce à flots miraculeux !
Du sauveur que le sang coulant de ses blessures
Serve pour nous laver de toutes nos souillures !

C'est là le sang du Dieu du nouveau testament,
Sang qui sur nos autels coule en son sacrement.
Malheur hélas ! malheur à l'indigne profane ;
Comme autrefois Judas , lui-même se condamne.
Et vous, ô notre mère, ah ! puissions-nous toujours !
Dans les maux de la vie en vous avoir recours !
Non, ne permettez pas que notre âme s'abatte ;
Contre nos ennemis soyez notre avocate ;
Donnez-nous la lumière, et rompez nos liens ;
Eloignez tous nos maux, donnez-nous les vrais biens.
Sans cesse montrez-vous la plus tendre des mères ;
Que par vous votre fils accepte nos prières ;
De toutes les vertus vous avez les splendeurs ,
Ah ! communiquez-en au moins une à nos cœurs ;
Daignez fortifier notre faible nature ;
Dirigez notre marche et préparez la sûre ;
Et comme c'est par vous qu'on entre dans le ciel ,
Veuillez nous introduire auprès de l'éternel ;
Et là , voyant Jésus dans l'état de sa gloire
Par vous nous chanterons l'Hosanna de victoire.

CHAPITRE II.

Gratiâ plena.

Oh ! oui pleine de grâce ! ô l'abîme profond !
Dieu seul peut le sonder , notre esprit s'y confond.

Plénitude de grâce. Eh bien ! raison humaine,
Qui veut tout pénétrer par ta science hautaine,
As-tu compris la grâce en fait de plénitude ?
Rentre dans le néant de ton inaptitude,
N'entreprends pas, mortel, de prétendre expliquer
Ce qu'à Marie un Dieu daigne communiquer.
L'Eve du genre humain, fille de Dieu le père,
Devait être plus tard de Jésus-Christ la mère,
Destinée en naissant, formée à ce dessein,
Digne de recevoir le Sauveur dans son sein.
De même créant l'homme, à sa divine image,
Dieu préparait de loin son admirable ouvrage ;
C'était son divin fils d'Adam devant sortir,
Et pour notre salut devait tout accomplir.
Marie étant parfaite était prédestinée ;
De toutes les vertus son âme était ornée ;
Ses vertus l'élevant au plus sublime rang,
Un Dieu vint prendre en elle et sa chair et son sang.
La nuit était partout, mais elle fut l'aurore
Du soleil qui pourtant ne brillait pas encore ;
Il répandit bientôt ses bienfaisants rayons,
En venant éclairer toutes les nations.
Le Verbe allait descendre, il était la lumière,
La vraie et qui la seule en naissant nous éclaire ;
Ainsi Marie était, Jésus-Christ ébauché,
Comme son divin fils, exempte de péché,

N'ayant pas même enfin la tache originelle ;
Pour le nouvel Adam pas d'Eve criminelle ;
Et le Verbe à Marie aurait-il pu s'unir,
S'il avait vu dans elle une tâche à souffrir ?
Le Verbe en sa nature, ou bien en son essence,
Etant la sainteté, la suprême innocence,
Devait prendre sa chair d'un corps immaculé,
Qui déjà sur lui-même eût été modelé ;
Ne lui fallait-il pas la plus parfaite mère,
A lui seul engendré du sein de Dieu son père ?
Et Dieu le fils ayant cette paternité,
Pouvait-il recevoir d'autre maternité ?
    Marie eut en effet plénitude de grâce :
Voilà le don parfait qui tous les dons surpasse.
Jésus-Christ en était le principe réel,
Et disons mieux encor, principe essentiel.
Mais pour puiser enfin à cette unique source,
Dieu voulait qu'en Marie on eût toute ressource,
Qu'elle fût de la grâce en nous l'écoulement,
Quoique Jésus en soit le parfait élément.
La grâce en Jésus-Christ est de droit de nature,
Et découle sur nous de l'âme la plus pure ;
Mais cette grâce encor, pour pouvoir en juger,
Et, dans tous ses effets pouvoir l'envisager,
Regardons le principe où la grâce est produite,
Et comment dans Marie elle fut introduite.

Marie, en concevant dans ses flancs Jésus-Christ,
L'avait auparavant dans son cœur par l'esprit ;
Elle a conçu son fils par son obéissance ;
Ce fut aussi sa foi qui fit cette alliance ;
Union bien différente et d'un tout autre rang,
Que celle qui chez nous commence par le sang ;
Et comme ainsi la mère au fils était unie,
Quel bien inestimable en retirait Marie !
Comme vous qui venez au mystique banquet,
Voulant avec Jésus être en rapport parfait,
Quand la langue reçoit l'adorable mystère,
C'est dans l'âme en effet que l'union s'opère.
Mais lorsque Jésus-Christ vous montre son amour,
On l'offense en donnant le corps seul en retour.
Oh ! qui peut concevoir comment dans sa nature,
Déjà Marie étant une mère si pure,
S'unit étroitement à son fils en esprit.
Quel terme à son amour pouvait être prescrit ?
En elle vient s'unir le Verbe plein de grâce,
Aucune créature en grandeur ne l'efface.
Non, non, toutes ensemble et leurs dons réunis
Ne peuvent égaler tant de biens infinis
Que le fils se complut à donner à sa mère,
Aussi digne de lui qu'un Dieu pouvait la faire.
Plénitude de grâce ! oui pour la mesurer,
Un autre grand abîme est à considérer :

C'est du fils du Très-Haut la dignité suprême,
Et son amour unis à la mère qu'il aime.
    Mais pourquoi dans Marie une telle grandeur,
Et pourquoi tant de grâce abonde dans son cœur?
Ah! si de notre Dieu la charité féconde
Voulut pour nous sauver donner Jésus au monde;
Si Dieu le fils voulut naître, vivre et souffrir,
Et pour nous racheter sur une croix mourir;
Ce fonds de charité toujours inépuisable,
Marie en eut vraiment une part admirable;
Aimant le genre humain de l'amour le plus pur,
Elle eut le cœur percé du glaive le plus dur;
Et cette chàrité devenant maternelle
Nous montrait de la grâce une source nouvelle.
Oui si la grâce vient de l'Incarnation,
De Marie il y eut coopération :
Sans cela, pourquoi Dieu fit-il dire par l'ange
A Marie un salut si digne de louange?
Pourquoi donc exiger un acquiescement,
Qui fut à Dieu donné par Marie humblement?
Nous en voyons pour nous l'heureuse conséquence.
Toujours la grâce opère avec indépendance.
Par la vocation on fait le premier pas;
Justification, ou l'on n'avance pas;
Par la persévérance on finit le voyage,
Et le repos, la gloire, en sont l'heureux partage.

La grâce nous appelle, et le saint précurseur
Montre comment Jésus appelle le pécheur.
Jean-Baptiste conçu dans le sein de sa mère,
Par le corps et l'esprit attendait la lumière;
Jésus de lui s'approche, et ce corps endormi
D'un mouvement soudain dans sa mère est saisi.
Il tressaille de joie, et reconnaît son maître,
Qui vient le prévenir, et dans son cœur veut naître.
Dans l'obscurité sombre où vous êtes réduit,
O pécheur, un éclair frappe vos yeux et luit;
Jésus vous parle au cœur. Ah! soyez donc sensible,
La grâce vous émeut par sa touche invisible.
Mais à quelle voix Jean se sentit tressaillir?
Le concours de Marie, on le voit s'établir.
A peine votre voix vient frapper mon oreille,
Dit sainte Elisabeth, que mon enfant s'éveille?
Votre salut lui cause un saint tressaillement.
Marie est de la grâce un actif instrument;
Sa voix divine aussi vient agir en notre âme,
La réveille, l'attire, et l'anime et l'enflamme;
Sa charité rapproche encor Jésus de nous,
Et voudrait en Jésus nous voir tressaillir tous.
Ainsi lorsque Jésus nous prévient, nous appelle,
Marie agit pour nous par sa voix maternelle;
Et le fils à la mère obéissant toujours,
A la grâce vers nous donne son libre cours.

Oui, le dirai-je enfin, aujourd'hui que Marie
Jouit près de son fils de la gloire infinie,
Sa grandeur devant Dieu dilate sa bonté ;
Elle est pour les mortels pleine de volonté,
Son cœur toujours pour nous sur la terre s'abaisse;
Et là, voyant nos maux, sentant notre faiblesse,
Aspirant plus que nous à notre vrai bonheur,
Désirant nous unir à notre Dieu sauveur,
Elle attend seulement une bonne prière,
Et de la grâce en nous vient se montrer la mère.
    Mais comment sommes-nous en Dieu justifiés,
Quand nous sommes déjà par la grâce appelés?
Aux nôces de Cana Jésus fait un miracle,
Le premier qui s'offrit aux regards en spectacle;
Ses disciples alors crurent du fond du cœur,
Reconnaissant en lui leur maître, le Seigneur.
Cette grâce est pour nous grâce justifiante,
Qui tire de la foi sa racine vivante.
Mais ce miracle enfin de quoi fut-il l'effet?
A qui les conviés durent-ils ce bienfait?
Si Marie à Jésus en priant le demande,
Et si Jésus d'abord refuse et réprimande,
Elle sait que son fils se laissera toucher,
Quoiqu'il ait brusquement parlé pour l'éloigner:
Ce fut la foi, l'amour suivi de la prière,
Qui ne trompèrent point l'espoir de cette mère.

L'eau fut changée en vin quoique Jésus eût dit :
Femme, que voulez-vous avant le temps prescrit ?
Ainsi devant Jésus l'humble persévérance
A bientôt dissipé d'un refus l'apparence ;
Quand au nom de Marie on veut bien insister :
A la mère le fils ne saurait résister.
Admirons de Jésus la bonté souveraine :
S'il semble dédaigner que Marie intervienne,
Lorsqu'on veut obtenir quelque chose de lui ;
Ce dédain apparent d'une grâce est suivi ;
Jésus avance l'heure ; on a pour témoignage
Des noces de Cana le merveilleux ouvrage :
Marie a dit bien peu : Jésus la satisfait :
C'était pour obtenir du vin dans ce banquet.
Mais en intervenant pour ce premier miracle,
Auquel Jésus semblait vouloir mettre un obstacle,
Marie est par la chair la mère du Sauveur,
Et sera par l'esprit, et surtout par le cœur,
La mère du pécheur qu'à lui Jésus appelle.
Etant justifié qu'il soit à Dieu fidèle.
   Mais ce n'est pas assez, il doit persévérer,
Dans cette grâce encor par Marie opérer.
Si le pécheur par elle obtient sa renaissance,
Elle n'aide pas moins à la persévérance.
Qu'ils paraissent ici, ses fidèles enfants
Qu'on voit jusqu'à la fin toujours persévérants ;

Ils montent avec elle au sommet du calvaire.,
Et la mère de Jean devient aussi leur mère.
Comme Jean, en effet, s'attachant à Jésus,
Ils n'aiment que la croix, ne veulent rien de plus.
Quand ils ont à souffrir, la croix, ce bois mystique,
Dans les maux de la vie est leur espoir unique :
Ils embrassent la croix d'une joyeuse ardeur,
Et la croix aussitôt allège leur douleur ;
S'ils viennent quelquefois à manquer de courage,
A faire de leur force un triste apprentissage,
Qu'ils aillent à Marie, et leur mal plus léger
Les empêchera bien de se décourager ;
Avec elle la croix sera partout leur guide,
Contre leurs ennemis leur servira d'égide ;
Quoiqu'attaqués souvent en de rudes combats,
A ce signe ils vaincront jusqu'au jour du trépas.
Heureux, trois fois heureux si consacrant leur vie
Afin de mériter la céleste patrie,
Ils suivent en martyrs leur Rédempteur divin,
Qui les a dirigés vers cette noble fin ;
Ou bien si leur vertu jusqu'au bout persévère,
C'est qu'avec eux Marie agit et coopère.
Marie est donc pour nous l'instrument du salut,
Par où la grâce agit et nous mène à ce but ;
Tenons-nous constamment à l'ombre de ses ailes,
Nous aurons chaque jour ses faveurs maternelles ;

Qu'elle parle pour nous à notre Dieu sauveur,
Un tel fils à sa mère est dévoué de cœur.
Quel amour filial vit-on jamais plus tendre?
Quel amour maternel se fit-il mieux comprendre?
Quel enfant de sa mère entend mieux les soupirs,
S'avance plus ardent, et prévient ses désirs?
Demandons par Marie, et nous aurons la grâce;
Elle est pour les pécheurs un secours efficace.
Il nous importe peu d'avoir le plus grand bien,
Si l'âme est sans la grâce, elle n'a vraiment rien;
Et que lui sert aussi la raison, sa lumière,
Sinon à l'égarer, à la rendre plus fière?
Voyez-vous, à travers sa folle vanité,
Paraître honteusemeut sa triste nudité?
Hélas! qu'elle a besoin d'inspiration sainte,
D'avoir des sentiments d'humilité, de crainte!
Pour notre âme surtout, l'état le plus affreux,
C'est du péché mortel l'effet si désastreux,
Qni nous donne la mort, la mort spirituelle,
Malheur encor plus grand que la mort corporelle.
En manquant à la loi d'un plein consentement,
Si nous la transgressons une fois seulement,
Notre âme perd alors sa véritable vie,
Et n'a plus aucun droit sur l'heureuse patrie.
Hélas! si de son corps l'âme vient à sortir,
L'abîme de l'enfer, pour elle va s'ouvrir.

Amère vérité ! Mais la preuve infaillible,
C'est de l'ange orgueilleux, la peine irrémissible.
Un seul péché d'orgueil le perdit pour toujours ;
Et nous osons donner à nos vices plein cours !
Grande et triste leçon ! Mais on en voit l'image,
Quand la société se venge d'un outrage ;
La loi frappe et punit le coupable assassin,
L'échafaud ou le bagne est sa peine ou sa fin.
Envers la loi de Dieu, nous, tant de fois coupables,
Nous qui faisons si peu pour nous rendre excusables,
Croyons-nous franchement qu'un Dieu juste et vengeur
Ira se relâcher des droits de sa rigueur ?
Si nous vivons plongés dans des vices infâmes,
Et si nous y mourons, que deviennent nos âmes ?
Quand le Juge les cite à son saint tribunal,
N'est-il pas effrayant, ce Jugement fatal ?
Montagne de péchés, montagne de malice,
Qu'abîme pour jamais l'éternelle justice ;
Un enfer éternel ? C'est la foi des chrétiens,
Vérité reconnue autrefois des payens :
Et voilà le malheur de la grâce perdue ·
Allons au sacrement qui nous la restitue.
Quand Dieu nous a donné ce bien si précieux,
Notre âme est purifiée, agréable à ses yeux ;
En gardant ce trésor elle devient plus sainte,
Et sa justice acquiert une divine empreinte ;

En elle chaque jour s'accroît la charité,
Qui la rend plus semblable à la divinité.
Cette grâce est pour nous grâce sanctifiante,
Celle qui dans ses fruits est la plus abondante;
Elle était en Marie. Et qui peut exprimer
Comme en un cœur si pur elle dut s'animer?
Les merveilles d'amour qu'elle dut y produire,
Ne peuvent se comprendre, et ne peuvent se dire.
Grand Dieu! Mais quel amour, celui que l'Esprit-Saint
Inspira dans ce cœur où lui-même survint!
Gardons-la, cette grâce, on le peut par Marie;
Notre âme a tant besoin de conserver la vie;
Cette grâce, on la puise au divin sacrement,
Où Jésus-Christ lui-même est l'unique aliment,
Qui toujours des vertus augmente la constance,
Nous soutient, nous rend forts par sa toute-puissance.
On vit dans les déserts tant de saints pénitents
Autrefois la garder en serviteurs fervents.
Les martyrs ont laissé tout leur sang se répandre,
Cette grâce parlait, ils brûlaient de s'y rendre;
De tout rang l'on voyait bien des vierges souffrir,
Au milieu des tourments résister et mourir,
Plutôt que de souiller la robe d'innocence,
Qu'elles ont su garder dès leur plus tendre enfance,
Et qu'elles conservaient dans toute sa beauté,
En invoquant Marie, arche de pureté.

Grâce sanctifiante! Oui, c'est là l'héroïsme
Des fastes glorieux du vrai Catholicisme.
Tous ne sauraient atteindre à ce degré parfait,
Mais tous peuvent avoir la grâce pour bienfait.
Hélas! nous le savons, notre pauvre nature
Pour pratiquer le bien a la marche peu sûre;
Nous avons pour le mal un funeste penchant,
Et notre volonté va toujours déclinant;
Elle a vraiment besoin d'avoir une bonne aide,
Qui la guide, l'arrête, et la rende moins tiède.
La grâce est ce secours, ce langage intérieur,
Qui nous dispose au bien, pour nous inspirateur;
Nous faisant éviter ces fautes volontaires,
Qu'on regarde d'abord comme fautes légères;
Mais qui n'en sont pas moins des péchés véniels,
Nous disposant bientôt à des péchés mortels;
Si ce péché d'abord ne détruit pas la grâce,
Il l'affaiblit si bien qu'enfin elle s'efface;
On paie alors bien cher un si funeste abus.
Quel grand malheur hélas! si Dieu ne secourt plus.
Allons donc à Marie, en elle est la prudence;
Par elle on peut user de sage prévoyance,
Du chemin du salut ne pas se détourner;
Et si l'on persévère, elle aime à couronner.
Oui, prions-la toujours; ô l'heureuse pratique!
La prière près d'elle à notre bien s'applique;
*

Près de son divin fils , son intercession
Appelle sur nous tous le droit d'affection ;
Sa parole est pour nous une ardente prière ,
Et fait descendre en nous la grâce salutaire ;
La grâce pour notre âme est le plus riche bien ,
Le vrai trésor du cœur ; tout le reste n'est rien.
La grâce est le meilleur des biens de ce bas monde,
Sur lequel à la mort tout notre espoir se fonde.
Ce que nous possédons , il faudra le quitter,
Et d'autres après nous viendront en hériter.
Sachons donc acquérir la solide richesse ;
Bannissons de nos cœurs le vice et la paresse ;
Nous donnons tous nos soins à nos biens , à nos corps,
Et nous faisons le mal , peut-être sans remords ;
Mais quand viendra le jour où notre corps succombe,
Qu'on l'ensevelira dans une froide tombe,
Que deviendra notre âme à ce coup imprévu ?
Que répondre à ce Juge à qui tout est connu ;
Qui plaidera pour elle et prendra sa défense ?
A peine si le juste à l'ombre d'espérance ;
Et l'âme apparaissant pleine d'iniquité,
Que peut-elle espérer pour sa félicité ?
Que dis-je ? Hélas ! le sort de cette âme coupable,
C'est d'avoir mérité l'enfer interminable.
Oh ! pendant cette vie , évitons ce malheur ;
Marie est sûrement refuge du pécheur,

Non, Non, n'attendons pas le jour de la justice,
Elle peut nous sauver de l'éternel supplice,
Ses fidèles enfants ne périront jamais,
Par elle leur bonheur est la gloire, la paix.
Qu'on s'adresse à Marie, en vivant sur la terre,
Qu'on invoque Marie et qu'en elle on espère,
On obtiendra la grâce et son divin secours,
Ce vrai bien de notre âme est utile toujours.
De la grâce il vaut mieux que notre âme soit riche,
Que de tous ces faux biens dont notre orgueil s'entiche.
Ayons de Dieu sa crainte et sa bonne amitié.
Mais si de la fortune on est déshérité,
Sans nous trop tourmenter rappelons-nous Marie;
Pauvre selon le monde elle gagnait sa vie;
Saint Joseph avec elle et Jésus l'Homme-Dieu
Travaillaient de leurs mains sous un modeste lieu.
Cependant les deux mots que lui prononça l'ange,
N'étaient pas seulement pour faire sa louange;
Ces mots, PLEINE DE GRACE ont une autre valeur:
Marie a le vrai bien dans toute sa splendeur:
Dieu lui-même trouva si grande sa richesse,
Que par elle il voulut accomplir la promesse,
Qui fut faite à Jacob en sa postérité,
De tirer les mortels de leur captivité..
Marie ayant reçu cette faveur insigne,
Etait assurément de notre amour bien digne;

La Sainte Trinité dans elle se complut.
De notre piété payons-lui le tribut.
Salut pleine de grâce est pour elle un hommage
Qui nous procurera son puissant patronage.
Nous ne méditerons jamais ces mots en vain ;
Toujours on en acquiert quelque bienfait certain.
De la grâce divine elle est la seule mère ;
Heureux celui qui l'aime, et qui par elle espère.

CHAPITRE III.

Dominus tecum.

Le Seigneur est en vous, c'est bien la vérité ;
C'est là le divin trait de votre humilité.
De toute éternité Dieu vous avait choisie
Pour devenir un jour la mère du Messie,
Qui descendait des cieux conçu de l'Esprit-Saint.
En vous la Trinité tout entière survint :
Ainsi l'avait prédit Isaie, en prophète,
Espérance au delà de tout ce qu'on souhaite.
Marie était ce temple admirable et vivant,
Dans lequel Jésus-Christ daigna se faire enfant.
Le Seigneur avec vous ! Cette prérogative
Est d'un état parfait la voix confirmative.
Et pourquoi ce prodige allait-il avoir lieu ?
Marie en devenant mère du fils de Dieu,

Devait être si haut dans sa nature humaine,
Qu'il ne peut arriver que l'esprit le comprenne.
Oui, devant être unie à la Divinité,
Et porter dans ses flancs le Dieu de sainteté,
Il fallait que le Verbe eût une digne mère,
Sa génération venant de Dieu son père;
Que d'une vierge pure et sans tâche il naquit,
Qu'en elle par la foi l'Esprit-Saint descendit....
    Le Seigneur avec vous? Eh! qui donc pourra dire
Ce que pour votre fils votre cœur vous inspire,
Et comment Jésus-Christ par le plus saint retour,
Pouvait-il à jamais vous prouver son amour?
C'est que vraiment Marie était prédestinée....
    Le Seigneur avec vous, ô âme fortunée!
Vous l'avez quand il vient et qu'il habite en vous,
Pour vous communiquer ses transports les plus doux.
Attachez-vous à lui, c'est la paix et la joie,
La vie est en lui seul, la vérité, la voie;
Lui seul est le vrai pain qui puisse vous nourrir,
Vous donner le bonheur pour la vie à venir.
Nous n'avons bien souvent qu'erreur, obscurité,
Mais Jésus est pour nous lumière et vérité.
Le monde nous invite à marcher dans sa route,
Et veut nous attirer par les douceurs qu'il goûte;
Il vient vous présenter son éclat, ses plaisirs,
Nous fait croire qu'il peut combler tous nos désirs;

Apprenez, ô Chrétiens, qu'il est un triste guide ;
Sous de brillants dehors son langage est perfide ,
A ses pièges, hélas ! beaucoup se sont perdus ,
Et n'ont vu leur malheur que quand ils n'étaient plus ;
Ah ! qu'on regrette alors d'avoir suivi le monde ;
Cette mer est trompeuse , en naufrages féconde.
Et quel malheur encor , si le sang et la chair
Nous livrent des combats qu'on paie toujours cher;
Ou si l'esprit malin, par un faux artifice ,
Nous attire à son gré dans les sentiers du vice ;
Ce n'est point ce chemin qui conduit au salut,
Dieu ne nous a créés que pour tendre à ce but.
Il est un temps bien long qui suivra cette vie ,
A la mort, nous changeons seulement de patrie.
Employons le présent pour une noble fin ,
Après la mort, l'arrêt fixe notre destin.
Suivons la bonne voie, elle est toujours plus sûre ,
Plus étroite sans doute , et quelquefois plus dure ;
Mais au bout de la peine, un repos bienheureux
Nous attend , nous délasse et comble tous nos vœux;
Jésus nous sert de guide en ce triste voyage ,
Il est notre soutien , nous donne du courage ;
On marche d'un pas sûr guidé par Raphaël,
Tout Tobie est certain d'arriver dans le ciel.

Le Seigneur avec vous ! Eh ! oui, âme chrétienne ;
Est-il faveur plus grande, et qui vous appartienne ?

Combien de nations à l'ombre de la mort,
S'endorment d'un sommeil qui fait plaindre leur sort!
Et pour les réveiller, tous nos missionnaires
Vont braver les climats des plages étrangères;
Et là, tout pleins d'ardeur, semblables au soleil
Qui va les éclairer à leur nouveau réveil,
Ils annoncent un Dieu prenant notre nature,
Et même par amour, d'esclave la figure;
Mourant sur une croix pour tout le genre humain.
Pour procurer à tous le salut du chrétien;
Toujours nouveaux Xaviers, ils vont, se multiplient,
Et, quoique peu nombreux, toujours se sacrifient,
En semant en tout lieu des fruits de charité,
Et rendant grâce à Dieu, source de vérité.
Quand il le faut aussi, quand la foi les inspire,
Ils bravent les tourments, et volent au martyre;
Toujours leur sang produit, comme on vit autrefois,
Des peuples de chrétiens reconnaissant la Croix;
Et nous voyons ainsi croître la multitude
Des Gentils appelés à la béatitude.
    Et nous, à peine nés, qui devenons chrétiens,
Sachons apprécier la valeur de nos biens;
Notre Dieu seul est grand, seul il est adorable,
Seul infiniment bon, infiniment aimable,
Nous ayant découvert plutôt ses jugements,
Et de ses vérités les divins éléments.

La foi, nous la devons à de fervents apôtres,
Qui nous ont éclairés plutôt que beaucoup d'autres;
Mais si Dieu voit en nous des enfants, ses ainés,
Tâchons de ne pas être enfants dégénérés;
Profitons des moyens que l'Eglise présente,
Si nous voulons qu'en Dieu notre âme soit vivante;
Elle seule contient les sources du salut,
Sans elle on ne saurait arriver à ce but.
Elle croit fermement aux trois divins mystères,
Dont les effets pour nous sont les plus salutaires,
Ils sont unis tous trois... Point de Rédemption,
Oui, si l'on ne croit pas à l'Incarnation;
Et l'Incarnation nous montre un Dieu fait homme;
Le Verbe fils de Dieu, que l'Ecriture nomme,
Descend du haut des cieux, conçu du Saint-Esprit;
Voilà la Trinité que la foi nous apprit.
Dieu le Père, a créé ce monde inimitable;
Dieu le Fils, a sauvé le genre humain coupable,
Et Dieu le Saint-Esprit, nous a sanctifiés:
Trois mystères d'amour à l'homme appropriés.
A peine naissons-nous, que l'Eglise elle-même,
Nous reçoit dans son sein par les eaux du baptême,
Et nous adopte alors comme ses vrais enfants,
Frères de Jésus-Christ, et de Dieu descendants,
En effaçant en nous la tache originelle,
Que nous transmit Adam, notre père rebelle.

L'Eglise continue envers nous sa bonté ;
A peine la raison prend-elle activité,
Qu'on nous apprend la foi du vrai Christianisme,
Abrégée, expliquée en notre cathéchisme.
Notre raison grandit ; et vient cet heureux jour,
Où Jésus-Christ, le Dieu du plus parfait amour,
Désirant posséder de nos cœurs les prémices,
Vient habiter en nous, y faire ses délices ;
L'enfant, en prenant part à ce divin banquet,
Heureux de son bonheur où l'Eglise l'admet,
Reçoit un pain sacré, de l'âme nourriture,
Capable de former, d'accroître sa nature :
Jour heureux dont Il doit garder le souvenir,
En venant fréquemment de ce pain se nourrir ;
Pain qui peut seul donner à nos âmes la vie ;
On ne peut bien aimer que par l'Eucharistie,
Où nous puisons toujours la vive charité,
En approchant plus près de la Divinité.
Mais nous avons besoin d'une autre grande grâce,
Qui s'imprime dans l'âme et jamais ne s'efface,
Qui de nos ennemis nous fasse triompher,
Surtout quand, dans la foi venant nous attaquer,
Ils offrent aux esprits de nouvelles doctrines,
Toutes pleines d'erreurs, n'enfantant que ruines,
Couvrant de beaux dehors l'ambition, l'orgueil,
Pour la société triste et fatal écueil ;

Sous le nom fastueux de républicanisme,
Préchant l'indifférence, et conduisant au schisme...
    Cette grâce en un mot donne le Saint-Esprit,
Et les sublimes dons qu'en nous il introduit.
C'est dans ce sacrement que l'évêque confère,
Que l'Esprit-Saint descend, et qu'en nous il opère:
Sacrement appelé la Confirmation ;
L'état de grâce en est la préparation.
Il scelle en nous toujours la grâce du baptême ;
Sur le front on reçoit l'onction du saint-chrême ;
C'est que de l'Evangile il ne faut point rougir,
Qu'au nom de Jésus-Christ il vaut mieux obéir ;
Il inocule en nous force spirituelle,
Pour que l'âme à son Dieu soit désormais fidèle.
Malgré tous les combats livrés de toute part,
L'Esprit-Saint est en elle, et lui sert de rempart,
Et le léger soufflet qu'on reçoit à la joue,
Suivi des mots de paix dont l'évêque le doue,
Apprend au confirmé que, dans tout accident,
Il doit garder la paix, et s'y tenir constant,
En conservant l'esprit de force et de sagesse,
Qui dans tous les revers soutienne sa faiblesse.
Oui, si ce sacrement nous rend parfaits chrétiens,
Hélas ! Nous négligeons souvent tous ces grands biens ;
Par suite du penchant d'une faible nature,
On s'éloigne bientôt de la sainte droiture ;

Nous désobéissons aux lois de notre Dieu,
Et trop facilement, faisons-en l'humble aveu.
Cependant Jésus-Christ dans sa miséricorde
Veut bien nous faire grâce et souvent nous l'accorde.
Lui-même est notre juge au divin tribunal :
La voix de son ministre, ami vrai, cordial,
Quelsque soient nos péchés depuis notre baptème,
Les remet tous au nom de Jésus-Christ lui-même ;
Mais pour bien recevoir ce divin sacrement,
Il faut s'en approcher toujours bien dignement ;
Pour qu'il produise en nous son effet salutaire,
Il faut de nos péchés surtout l'aveu sincère,
Pour Dieu gage certain de notre repentir ;
Le prêtre peut alors nous absoudre et bénir.
Gardons-nous d'abuser d'un si grand privilége,
Et surtout de commettre un affreux sacrilége.
Sacrement admirable en ses divins effets !
Qui peut en raconter les insignes bienfaits ?
   Est-il frein plus puissant qu'on oppose à tout vice,
Qui retienne au chemin d'une sainte justice ?
La loi punit sans doute un crime extérieur,
Mais peut-elle sonder tous les replis du cœur ?
Et puis d'où viennent donc les vertus domestiques,
Obscures, il est vrai, mais non moins héroïques ?
Ou ces grandes vertus éclatant aux regards,
Et que la sainteté produit de toutes parts ?

Oh ! si nous ne pouvons changer notre nature,
Réformons-la du moins et rendons-la plus pure ;
Allons donc à celui qui peut la corriger,
Des liens du péché vraiment la dégager,
Lui procurer la paix, la pureté, la joie ;
Telle est pour le pécheur la seule et sûre voie,
Pour recouvrer la grâce et l'amitié de Dieu ;
Car enfin nous devons faire aussi cet aveu :
Si la contrition peut seule nous absoudre,
Il nous reste un problème important à résoudre :
Cette contrition a-t-elle en vérité
Pour compagne fidèle entière charité,
Et de se confesser le désir bien sincère,
Aussitôt qu'il sera possible de le faire ?
Mais si soudain la mort vient frapper de ses coups,
Cette contrition, dites-moi, l'aurez-vous ?
O heureux, si le Dieu de suprême justice
A ce dernier moment pour vous devient propice !
Ayant de votre Dieu le mot du vrai pardon,
Puissiez-vous obtenir le sort du bon larron !
Mais vous serez gisant, peut-être à l'agonie,
Sans pouvoir employer ce qui reste de vie ;
Soyez loué, béni.... car une bonne mort
Dans la paix du Seigneur nous place et nous endort.
Mais convenez pourtant que cette dernière heure
Serait pour le salut plus douce et bien meilleure,

Si souvent en santé l'on avait recouru
Au sacrement qui rend à l'âme la vertu,
Surtout ayant pris part à la table sacrée,
Où l'on prend vers le bien une marche assurée;
Sans doute qu'arrivée au moment du trépas,
L'âme serait plus calme, aurait moins d'embarras,
Et le prêtre disant: partez âme chrétienne,
Libre, elle quitterait la prison qui l'enchaîne.
Mais à toute autre affaire il faut passer le temps,
Il faut veiller, agir, spéculer, j'y consens;
N'avez-vous donc jamais des moments de relâche?
Eh bien! occupez-vous de remplir votre tâche;
Et comme pour le corps vous prenez tant de soins,
Pensez aussi que l'âme a de pressants besoins.
Que dis-je, des besoins? elle a perdu la vie,
Quand le péché mortel l'a souillée ou flétrie.
Hélas! ses facultés n'ont plus de saints élans,
Elle est abandonnée à la fougue des sens.
Quoi! cet état de mort n'a donc rien qui vous touche!
Eh! faut-il contre soi vouloir être farouche?
Je me trompe, chez vous ce ne sont que délais,
Non, vous ne voulez pas être à ce point mauvais;
Tout au plus, dites-vous, ce n'est qu'indifférence,
Puisse-t-elle assez tôt devenir pénitence!
En aurez-vous le temps, eh! qui vous l'a promis?
Vos désirs pour le ciel seront-ils accomplis?

Le temps n'est point à vous, infortuné coupable,
La mort, hélas! pour vous serait plus supportable.
Aurez-vous Dieu propice à vos derniers moments,
Vous allez encourir ses justes châtiments?
La pénitence est donc une source de grâce;
Tout péché, quel qu'il soit, ce sacrement l'efface.
Et Jésus-Christ alors est vraiment avec nous,
Puisque c'est en son nom qu'un pécheur est absous.
  Que dire maintenant de ce saint ministère,
Et des ordres sacrés que l'évêque confère?
Sainte vocation! oui, le prêtre nouveau
De Jésus-Christ doit être un tout vivant tableau.
Le Seigneur a juré, par serment immuable,
Que Jésus-Christ serait pontife irrévocable;
Melchisédech était un pontife mortel,
Mais Jésus-Christ est Dieu, le pontife éternel;
Toujours vivant pour nous, il prie, il intercède,
Qui veut aller à lui se sauve par son aide;
Saint sans tache, innocent, séparé des pécheurs,
Et des saints dans les cieux éclipsant les splendeurs,
Il vient s'offrir lui-même en salutaire hostie,
S'immolant sur l'autel pour nous donner la vie,
Contre nos ennemis nous aider chaque jour
Et nous ouvrir l'entrée au céleste séjour;
S'offrant en holocauste, innocente victime,
Qui dût être à jamais unique et légitime;

C'était le sang du Christ du nouveau testament,
Qui nous ouvrit le ciel par un pur dévoûment.
Tel était ce pontife; et dans son sanctuaire,
En vertu des pouvoirs que l'évêque conféré,
Sont introduits tous ceux qui par d'humbles vertus,
Comme par leurs talents, ne sont pas moins connus;
Etant par fonctions appelés des apôtres,
Ils servent de lumière en éclairant les autres;
Qui peut dire en effet quels sont tous les grands biens,
Que le prêtre répand au milieu des chrétiens?
Défenseur de la foi, gardien de la morale,
Avec une ferveur vraiment sacerdotale,
Il annonce en tous lieux quelle est la piété,
Qu'on ne peut maintenir que par la charité;
Prenant l'homme au berceau jusqu'au bout de sa vie,
Il a toujours pour lui le mot qui fortifie;
Et lorsqu'arrive enfin le dernier des moments,
Il lui montre au-delà la terre des vivants.
Telle est la mission du prêtre catholique,
Le devoir de sa vie est privée et publique.
Que dire de celui qui, lié par des veux,
Se dévoue et consacre aux corps religieux,
Remplit le ministère auquel il se destine,
Et nous montre partout sa mission divine?
Mais ce n'est pas assez; en traversant les mers,
Il va dans le lointain, en des pays divers,

Au nom de l'Esprit-Saint, annoncer l'Evangile,
Et rendre fructueuse une terre stérile,
Répandré ses sueurs, voulant être martyr,
Si ces peuples à Dieu veulent se convertir.
De nos jours tous ces faits qu'attestent des annales,
Sont de leur dévoûment des preuves radicales.
Le sacerdoce est saint, ô le sublime état!
Eh! pourquoi le voit-on garder le célibat?
C'est que pour célébrer le divin sacrifice,
Le cœur doit être pur, même exempt de tout vice.
L'ordre, sans contredit, est un grand sacrement.
Heureux qui le reçoit, l'exerce dignement!
Si jamais sacrement demande état de grâce,
Celui-ci parmi tous a la première place;
Pour offrir, recevoir, chaque jour le Seigneur,
Il faut avoir toujours la pureté du cœur;
A chaque instant le prêtre, en face du fidèle,
Doit être des vertus un tout vivant modèle.
  Disons encore un mot de ces communautés,
Où malgré sa faiblesse et ses timidités,
Le sexe à ses emplois se livre sans relâche,
Pour Dieu, pour le prochain, s'acquitte de sa tâche,
Se vouant dans le cloître à la sainte oraison,
Et du ciel attirant la bénédiction.
C'est dans les hôpitaux où gisent les misères,
Qu'aux malades les sœurs servent de tendres mères.

Se dévouent aux soins de leur infirmité.
Eh! que ne fais-tu pas, ô sainte charité?
D'autres sous le beau nom de sœurs de Providence,
Ont soin de l'orphelin, l'adoptent dès l'enfance;
D'autres dans des couvents nommés le Bon-Pasteur,
Forment au repentir les filles du malheur;
D'autres, patiemment, élèvent la jeunesse,
Et dans un sexe faible impriment la sagesse.
Il faudrait, en un mot, tracer de longs tableaux,
Si l'on voulait narrer les différents travaux,
Que le sexe entreprend, animé d'un saint zèle,
Et persistant toujours dans son œuvre fidèle.
On voit que le Seigneur en cela le conduit,
Et veut de ses vertus qu'on connaisse le fruit.
Pour elles Jésus-Christ à tout fut préférable;
Il leur fait éprouver son amour ineffable.
Pour dire enfin deux mots des ordres séculiers,
A Dieu comme au prochain dévoués tout entiers,
On reconnaît en eux du Seigneur la présence,
De leurs labeurs toujours la douce récompense.
    Si dans le mariage on vient à s'engager,
Une chose surtout qu'on doit envisager,
C'est que ce sacrement, en effet, représente
L'Eglise et Jésus-Christ en union constante.
De même les époux ne seront bien entr'eux,
Et dans ce saint état ne pourront vivre heureux

Qu'en portant saintement le poids du mariage,
Qui pour le bien commun offre tant d'avantage;
S'ils ont pris les moyens d'accomplir dignement
Ce qui fait recevoir ce divin sacrement,
Institué pour ceux qui vivent de la grâce,
Et revêtu d'un sceau que la mort seule efface;
Sacrement, vrai maintien de la société,
L'honneur et tout l'espoir de la chrétienté.
Nous voyons cependant de tristes alliances
Qui donnaient tout d'abord de belles espérances;
Mais trop souvent livrés au délire des sens,
Les époux n'ont pour Dieu qu'un sacrilège encens;
Hélas ! c'est trop souvent passion ou fortune,
Qu'on recherche surtout comme base commune.
Avant tout la vertu ; non, jamais l'intérêt
Ne saurait suppléer au vice qui déplaît;
Oui, la vertu toujours doit être notre guide,
C'est le meilleur des biens comme le plus solide,
Utile pour le temps, surtout pour l'avenir,
Et que dans les époux Dieu se plaît à bénir:
Par la vertu l'amour devient chaste et durable,
Et mutuellement tout devient supportable;
Les époux ont le zèle et tous les soins constants,
Qu'il faut pour élever selon Dieu les enfants;
Pour les biens temporels ils gardent la sagesse,
Détestent l'injustice, encor plus la bassesse;

En s'occupant du monde ils ont un noble but,
Leur affaire avant tout, est celle du salut;
S'ils ont quelques revers dans le cours de la vie,
Leur vertu sait souffrir comme autrefois Tobie;
Ils disent comme Job: béni soit le Seigneur;
Il nous donne à son gré la joie ou la douleur.
Et lorsqu'arrive enfin l'instant qui les sépare,
Comme une bonne vie à la mort nous prépare,
Celui des deux qui meurt s'endort avec la paix;
Et celui qui survit espère désormais
Dans peu l'heureuse fin de son pèlerinage,
Et l'immortalité d'un commun héritage.
Ainsi l'on vit unis, et l'on meurt saintement
Quand la religion donne ce sacrement;
On éprouve de Dieu la douce bienveillance,
Il est notre soutien, devient notre espérance.
    Mais qui parlera bien de cet état parfait,
Que Dieu daigne accorder par insigne bienfait?
Cette vocation est d'autant plus sublime
Qu'avec son Dieu l'on est en rapport plus intime.
J'ai voulu désigner l'état de chasteté;
On ne le garde bien que par l'humilité;
Alors, plus que jamais, qu'on recoure à Marie;
Comme elle devant Dieu que l'âme s'humilie;
A ce prix l'âme obtient les grâces du Seigneur,
Et se conserve ainsi dans toute sa splendeur.

O sainte chasteté, qui dira tes louanges !
Par toi des corps mortels sont au-dessus des anges,
Ils brillent d'un éclat toujours pur et nouveau,
Et verront un jour Dieu placé près de l'agneau.
Enfin il est pour nous une dernière grâce
Que Jésus-Christ accorde avant que l'on trépasse :
C'est l'Extrême-Onction ; ce dernier Sacrement,
Et pour l'âme et le corps sert de soulagement ;
Lorsqu'atteint, alité par quelque maladie,
On est en grand danger de quitter cette vie,
On est purifié, guéri de ses péchés,
Dont notre âme et le corps peuvent être entachés ;
On est aussi plus fort à cette dernière heure,
Pour tout ce qu'on éprouve avant que le corps meure ;
Pour les assauts que livre alors l'esprit malin,
Enveloppant sa proie avant sa triste fin,
On a pour défenseurs et Jésus et sa mère ;
Et l'ennemi fuyant, l'homme tranquille espère.
Ce sacrement encor peut rendre la santé,
Si Dieu le juge ainsi pour notre utilité,
Il faut en Dieu toujours avoir sa confiance,
Et surtout mettre en lui toute notre espérance.

CHAPITRE IV.

Benedicta tu, in mulieribus.

Mais ici de sa voix que fait entendre l'ange!
C'est de Marie encor la sublime louange.
De tout son sexe elle est le plus saint ornement,
Préparant à la terre un grand événement.
Oui, nulle autre avant vous n'avait été bénie,
De toutes vous étiez la première, ô Marie!
Seule vous aviez droit à cette dignité,
C'est ce que réclamait votre maternité.
Par un péché d'orgueil Eve hélas! fut maudite,
Du séjour du bonheur exilée et proscrite,
Justement condamnée à souffrir bien des maux,
Et de l'enfantement les douloureux travaux.
Si l'homme avait alors le bonheur en partage,
Et sans souffrir les maux, le ciel pour héritage,
Eve devint pour nous la mère de la mort,
En désobéissant, nous fit un triste sort;
Et ce sexe maudit, aujourd'hui même esclave,
Est en certains pays sous le joug le plus grave:
Mais une autre Eve un jour, pour notre humanité,
Devait coopérer par son humilité.
Il vint enfin ce jour où cette Eve fidèle
Réhabiliterait l'autre Eve criminelle,

Et recevrait le nom de mère des vivants,
En nous adoptant tous comme ses vrais enfants.
  A cette fin Jésus la choisit pour sa mère ;
Mais un Dieu ne pouvait être enfant sans mystère ;
Ne convenait-il pas qu'un Dieu de sainteté
Fût conçu dans un sein de toute pureté ;
Qu'un Enfant-Dieu naquît hors la loi de nature,
Sans causer les douleurs que chaque mère endure ;
Et que Marie encore, en sa maternité,
Ne fût pas moins intacte en sa virginité ?
Eh ! pourquoi Dieu veut-il encore que Marie,
Malgré ce grand mystère à Josephe s'allie ?
D'une mère si digne il faut garder l'honneur,
Et la mère et le fils auront un saint tuteur
Qui ne doutera point de l'étonnant miracle,
Etant lui-même instruit par un divin oracle :
De la vierge Marie étant chaste gardien,
De même il gardera Jésus, l'enfant divin.
Ainsi s'est opéré, pour le salut du monde,
Le chef-d'œuvre d'amour, d'humilité profonde.
Le fils de Dieu venant pour terrasser l'orgueil,
Qui de l'homme d'abord fût autrefois l'écueil,
Etant le saint des saints, l'humble par excellence,
Voulait, tout en ayant sans tache sa naissance,
Et sans péché, lui-même accepter nos langueurs,
Se laisser affaisser sous le poids des douleurs,

Aimant jusqu'à l'excès notre nature humaine,
Et pour la délivrer, nous dévouant la sienne.
Mais encore une fois tout devait s'accomplir,
Aux termes d'Isaïe annonçant l'avenir :
« Vierge un jour concevra ; puis d'elle ou verra naitre
Un fils qui, comme Dieu, se fera reconnaître ;
En naissant il aura le nom d'Emmanuel,
Et l'on verra dans lui le vrai Dieu d'Israël ; »
Et la tradition, en passant d'âge en âge,
Conservait le dépôt de ce divin langage ;
Et saint Mathieu, saint Luc, qui racontent ces faits
Aux peuples ont rendu témoignages complets.
Non, jamais on n'a pu démentir leur histoire,
Ou prétendre qu'au peuple ils en faisaient accroire.
Mais que coûtait à Dieu ce miracle étonnant ?
Sur la nature entière il est assez puissant.
Adam était sorti de ses mains ainsi qu'Eve ;
Serait-ce donc trop haut que son pouvoir s'élève ?
Si d'une vierge intacte il féconde le flanc,
Et si son divin Fils prend d'elle chair et sang,
La vertu du Très-Haut, dans ce divin mystère,
Etait la même en lui qu'en créant la lumière.
La foi le dit assez, et même la raison,
En le trouvant possible, y doit adhésion.
   Vous étiez donc vraiment, ô Vierge incomparable,
Par dessus votre sexe, et surtout admirable.

De Suzanne, il est vrai, de Judith et d'Esther,
Qu'on fasse, si l'on veut, un éloge assez fier;
Mais du péché pourtant elles eurent l'empreinte,
De la faiblesse humaine ayant aussi la teinte;
Dans Marie au contraire, oh! quelle pureté!
Et surtout, quel amour de la virginité!
L'ange apparait; soudain, Marie est dans le trouble;
Mais en la saluant, sa crainte alors redouble;
L'ange dit que du Christ elle deviendra mère,
Elle est dans l'embarras, dans une peine amère.
Mais mon âme et mon corps, par un sincère vœu,
Dit-elle, sont sacrés, n'appartiennent qu'à Dieu.
Comment donc se fera ce que l'ange déclare?
L'homme n'est pas pour elle, et son vœu l'en sépare.
Mais pour la rassurer, alors l'ange lui dit,
Qu'en elle surviendra l'ombre du Saint-Esprit,
Et que le Fils de Dieu, d'elle prendra naissance.
Marie alors répond avec toute assurance:
Je consens; me voici servante du Seigneur,
Votre parole sainte a décidé mon cœur.

Quelle grande leçon pour une âme pudique!
Que de précautions cette conduite indique!
Quand on veut conserver un trésor précieux,
On ne néglige pas les soins minutieux.
On a dit que le lis, d'une blancheur si pure,
Se hâle, se dessèche, et n'a que flétrissure,

Dès qu'une main hardie ose s'en approcher,
Ou se rendre profane en voulant le toucher,
Il perd au même instant son odeur si suave;
Triste effet de ce tact qui d'abord devient hâve.
Pour la virginité, l'on peut en dire autant
Une parole, un air, un regard imprudent,
Un acte un peu trop libre, ou même une-pensée,
L'altère, la ternit, même elle en est blessée;
Sa beauté délicate aisément se flétrit;
Un léger souffle impur la souille et la noircit.
Elle exhale l'odeur de l'encens, de la myrrhe.
Quels suaves parfums que ceux qu'elle respire!
L'encens l'élève en haut vers son céleste époux,
Pour qu'elle se maintienne en des transports si doux;
La myrrhe de saveur amère, âcre et piquante,
Sous son nom symbolique, à l'âme représente
Qu'il est de son devoir de se mortifier,
Et qu'elle doit surtout tendre à s'humilier,
Autrement sa vertu devenant plus débile,
Sa perte en deviendra plus prompte et plus facile.
De ces chutes hélas! qui dira les malheurs?
Que de cuisants remords! que d'amères douleurs!
Oh! qu'on paie bien cher des moments d'imprudence!
Malheureuse jeunesse! ô triste imprévoyance!
Quoi! vous allez sans crainte au devant du danger,
Avec le fol espoir de vous en dégager?

✳✳

Quoi ! Marie a tremblé au seul aspect d'un ange,
Et vous, vous écoutez la perfide louange !
Et les yeux et la langue, et le cœur et les sens ;
Vous les laissez agir à vos tristes dépens.
Vous lisez des romans, vous allez au spectacle,
Eh ! mais pour vous sauver, il faudrait un miracle !
Là, se tiennent souvent de trop libres propos,
Où la pudeur est loin de trouver le repos ;
Trop impur réceptacle, où règne l'indécence ;
Comment sauriez-vous conserver l'innocence ?
Vous y cherchez souvent les applaudissements,
Qui font naître dans vous d'orgueilleux sentiments ;
Fuyez, fuyez toujours du monde le délire,
Si vous ne fuyez pas, il saura vous séduire ;
L'honneur est mal gardé, faiblement défendu,
Si l'on résiste peu, bientôt on est vaincu.

CHAPITRE V.

Benedictus fructus ventris tui.

Marie en toute hâte alla de Nazareth
Traverser les déserts et voir Élisabeth.
L'Esprit-Saint la guidait pour rendre à sa cousine,
Les devoirs qu'exigeait la charité divine.

A peine Élisabeth eut entendu sa voix,
Deux prodiges frappants arrivent à la fois ;
Son enfant dans son sein soudainement s'agite,
Et de l'humble Marie, annonce la visite.
Joyeuse, Elisabeth, dans ses heureux transports,
L'embrasse avec respect, en lui disant alors
Les mots qu'avait dits l'ange en son divin langage,
De l'Incarnation, mystérieux présage,
Puis ces deux mots sacrés : Est béni votre fruit,
Elisabeth ! en vous l'Esprit-Saint les produit.
Comme l'ange elle loue, elle élève Marie
Au-dessus de son sexe, entre toutes bénie ;
Mais elle ajoute encor : D'où me vient ce bonheur ?
Quoi ! vous venez, je vois la mère du Seigneur ;
A peine votre voix a frappé mon oreille,
Soudain de ce salut, j'ai senti la merveille,
Mon enfant dans mon sein, de joie a tressailli,
Comme vous avez cru, tout doit être accompli ;
C'est votre vive foi qui vous rend bienheureuse,
Non, la parole en Dieu ne peut être trompeuse.
Et Marie aussitôt, dans son divin transport,
Où l'amour et la foi s'exhalaient sans effort,
Fait entendre tout haut ce merveilleux cantique,
De la paix de son cœur, langage prophétique.

Mais d'où vient que Marie exalte ainsi son Dieu ?
Des dons qu'elle a reçus pourquoi ce saint aveu ?

Dieu, dit-elle, a daigné, de son humble servante,
Regarder la bassesse en tout humiliante.
Regard de bienveillance et vraiment de faveur,
Sur le juste toujours on voit l'œil du Seigneur;
C'est le tendre regard de sa face sereine,
Avec cette splendeur qui toujours est la sienne,
Regard vraiment si doux, et tout affectueux,
Dont le juste est ravi, satisfait et joyeux,
Premier sujet de joie en la vierge Marie;
De l'amour de Jésus, son âme était remplie.
De Dieu c'était encor un regard de bonté,
Et le don spécial de sa maternité,
Pour laquelle Marie avait la préférence,
Et qui du monde entier serait la délivrance.
Marie ayant de Dieu ce doux et saint regard,
Ne pouvait contenir sa joie à cet égard.
« Des grâces du Seigneur, Ah! je me vois comblée,
De son bras, la puissance en moi s'est signalée,
Et ceux qui s'élevaient, pleins d'orgueil dans le
Ont été dissipés à l'aspect du Seigneur;   [cœur,
Mais celui qui craint Dieu, conserve d'âge en âge,
De sa miséricorde en lui l'heureux présage. »
Oui, l'œil du Seigneur toujours est vigilant,
Quand celui qui le craint est toujours confiant;
Il attend le Seigneur, qui vient et le protège,
Il brave tous les maux, et la mort qui l'assiège.

C'est en vain que le monde, avec tout son éclat,
Voudrait le détourner de cet heureux état :
Son pouvoir, ses honneurs, ses plaisirs, ses richesses,
A les voir de bien près, cachent bien des faiblesses ;
Sa lumière produit souvent un jour obscur ;
On s'égare, l'on tombe en se croyant bien sûr.
C'est là le triste effet de cette pompe vaine,
Qui toujours nous séduit et souvent nous entraîne.
On cherche de ce monde à briguer les faveurs,
Eh ! que ne fait-on pas pour avoir ses honneurs ?
On se hâte, on se pousse, on poursuit la fortune,
On se croit avili dans la classe commune ;
Assez souvent aussi, pourvu qu'on soit adroit,
Il importe fort peu qu'on suive un sentier droit ;
Ce qui brille, éblouit, voilà ce qu'on estime ;
La médiocrité paraît pusillanime,
Elle dont la vertu tend à se modérer,
Et désire surtout, selon Dieu, se régler.
Ainsi, quand nous voyons l'homme dans l'abondance,
Il nous semble qu'on doit admirer sa puissance ;
On s'écrie et l'on dit : Voyez qu'il est heureux !
Sur quoi vous fondez-vous ? Sur ces dehors pompeux ?
Suspendez un moment ce cantique de gloire,
Ah ! n'allez pas sitôt adjuger la victoire.
Dieu le laisse jouir, il compte sur le temps,
Gardez-vous de penser qu'il soit heureux, content,

Il est déjà jugé, réduit à sa défaite,
Et son effroi soudain rend sa langue muette;
Dieu vient le déposer, sa grandeur n'était rien,
C'était comme le verre, un fragile soutien;
Ainsi soudain déchu de son sublime siège,
Ce haut degré n'était qu'un faible privilège;
Les humbles, à sa place, ont été préposés,
Ils étaient devant Dieu, dignes d'être exposés;
Le monde les croyait indigents, sans ressource,
Ils avaient les vrais biens, dont Dieu seul est la source,
Ils ont vu s'écouler, vite s'évanouir
Les biens que ces heureux s'imaginaient tenir;
Ces riches prétendus ont senti leurs mains vides,
Leurs richesses se fondre, et devenir fluides.
De sa miséricorde ainsi Dieu se souvient;
C'est ce que voit le juste, et l'espoir le soutient.
Triomphe au Tout-Puissant, paix à l'âme fidèle!
En ayant le Seigneur, tout bien est avec elle.

   O âme, chantez donc, car le monde est vaincu,
De l'humaine grandeur, l'orgueil est abattu,
Sa richesse n'est plus, sa pompe anéantie,
Tout comme la fumée en l'air évanouie;
Il a cru triompher, mais c'était pour un jour,
Sa gloire imaginaire a passé sans retour.
   O hommes soucieux! qui briguez la fortune,
Vous qui vous agitez dans la route commune,

Qui trouvez glorieux, agréable et si beau,
Ce qui s'offre à vos yeux sous un éclat nouveau,
Qui jugez si parfait ce que le monde donne,
Et si vrais, les plaisirs auxquels il s'abandonne,
Qui souvent même hélas! prenez tous les moyens
D'avoir ce que le monde aime à nommer ses biens;
D'où vient que vous cherchez ce frivole avantage,
Qu'on vous entend tenir un insensé langage?
N'êtes-vous pas de Dieu les enfants adoptifs?
Le Baptême l'annonce en ses vœux expressifs;
Le Ciel c'est la patrie, et l'exil c'est la terre;
Pourquoi donc parlez-vous une langue étrangère?
Les chants de Babylone, en paraissant joyeux,
Cachent sous leur douceur un air licencieux;
Mais dans Jérusalem, c'est toute autre musique,
Je ne sais quoi de pur, de saint, de séraphique;
Transporte, ravit l'âme, élève en haut le cœur:
C'est qu'on chante en Sion les hymnes du Seigneur;
C'est le chant de la paix, du bonheur véritable;
C'est bien là qu'on respire une joie ineffable;
C'est le chant qui console, encourage au devoir,
Fait supporter la peine, et donne un doux espoir;
Vrai chant de la patrie à laquelle on aspire,
Où sera le repos qui ne peut se décrire.
  Tel est le chant de l'âme où Dieu vient résider,
Heureuse quand son Dieu daigne la regarder;

Dédaignant ici-bas les grandeurs de ce monde,
Le Ciel seul, est l'espoir où son bonheur se fonde ;
Et si Dieu semble y mettre encore du retard,
A ce qu'il a promis il a toujours égard ;
Il vient ce jour heureux plus tôt que l'on ne pense,
Où des biens éternels l'âme aura l'abondance,
Verra réellement pour jamais s'accomplir
La parole de Dieu qui ne saurait faillir.
Abraham entendit jadis une promesse,
Que lui faisait son Dieu, l'éternelle sagesse ;
Et deux mille ans après, le Messie en naissant
Des siècles à venir fut le père vivant.
Le Verbe s'est fait chair dans le sein de Marie,
Vierge par privilège ayant été choisie,
Et devant le bonheur de sa maternité
Au regard du Seigneur sur son humilité ;
Pour cela, d'âge en âge on la disait heureuse,
Nulle n'ayant été comme elle glorieuse ;
Jésus daigne pour nous devenir serviteur,
Malgré son innocence, étant comme pécheur ;
Ayant chargé sur lui le poids de nos offenses,
Chose impossible au monde à toutes les puissances.
Amour, humilité, conduisant à la croix,
Pour sauver, enrichir tout le monde à la fois ;
Amour d'un homme Dieu ! Marie en fut certaine ;
Elle exalte son Dieu d'une voix surhumaine,

Dans ce ravissement de joie et de transport,
Où l'âme de Marie a pris un libre essor;
Cantique différent de celui de Moïse,
Supérieur aux faits qu'il chante et solennise :
L'un louait des Hébreux le salut temporel,
Et l'autre des humains le vrai bonheur réel.

Il était donc béni, Jésus fruit de Marie,
Et toute nation par lui seul est bénie.
Jésus était l'objet des plus anciens désirs ;
Et Jacob, et David, dans leurs ardents soupirs,
Ne voyaient leur salut que par son arrivée ;
La terre par lui seul pouvait être sauvée.
Isaïe avait vu cet homme des douleurs,
Cet agneau s'immolant pour les hommes pécheurs.
Michée avait nommé le lieu de sa naissance,
Comme Aggée aux Gentils annonçait sa présence.
Zacharie, ô Sion, a vu ton roi venant,
Juste, sauveur et pauvre, et dans ta ville entrant.
Malachie annonçait une oblation pure,
Du sacrifice ancien remplaçant la souillure,
En ajoutant encor qu'un ange alors viendrait,
Et que son précurseur aussi l'annoncerait.
Et Daniel enfin, en comptant les semaines,
Avait promis le Christ par des preuves certaines.

Il vint au temps marqué, ce divin fruit béni,
Qui devait nous guérir du malheur infini,

Qu'avait causé le fruit de désobéissance :
La réparation annihilait l'offense.
Aussitôt que le Christ sur la terre apparut,
La milice céleste empressée, accourut,
Publiant dans les airs du Dieu puissant la gloire,
Et la paix sur la terre à ceux qui sauraient croire ;
Et de simples bergers, délaissant leur troupeau,
Viennent à l'Enfant-Dieu, l'adorent au berceau ;
Prémices des Gentils, on voit bientôt les mages,
Venant de l'Orient lui rendre leurs hommages ;
Reconnaissant par l'or sa haute royauté,
Par la myrrhe adorant sa sainte humanité,
Et montrant par l'encens leur constante croyance
Que Jésus est vrai Dieu d'éternelle existence ;
Saint Siméon lui-même est content de mourir ;
Il a vu la lumière éclairant l'avenir...
Jésus croît en sagesse ; et dans sa vie obscure,
Resumée en deux mots, obéissance pure,
Le temps se préparait auquel sa mission
Aurait pour complément la sainte passion.
Jésus vient trouver Jean, et reçoit le Baptême ;
Le ciel s'ouvre, et l'on vit l'esprit de Dieu lui-même
En forme de colombe, et reposant sur lui ;
Et du ciel une voix se fait entendre ainsi :
C'est mon fils bien-aimé : de moi par sa naissance ;
C'est en lui que j'ai mis toute ma complaisance.

Après cela Jésus court au désert et fuit,
Jeûne quarante jours ; et le malin esprit,
Vient le tenter trois fois cherchant à le séduire.
Jésus est invincible ; en vain Satan conspire ;
Les anges s'approchant humblement du Seigneur,
Le servent avec joie, et l'adorent de cœur.
Jésus commence alors son divin ministère
Partout en instruisant, et partout il opère ;
Sa renommée augmente, on s'empresse, on accourt,
A lui de toutes parts le malade recourt,
Il guérit de tout mal, et le démon lui-même,
Se voyant foudroyé par un pouvoir suprême,
Crie en sortant des corps : C'est là le Fils de Dieu.
Jésus se cache et fuit ; on le cherche en tout lieu ;
Il a déjà choisi plusieurs de ses apôtres,
Pauvres, simples, pécheurs, les préférant à d'autres,
Il répandait partout miracles et bienfaits,
Enseignant le devoir, le conseil aux parfaits ;
Ses disciples enfin sont au nombre de douze,
Mais les Pharisiens dont la secte est jalouse,
Blasphêment contre lui, le disant possédé :
« Un royaume périt, contre lui divisé ;
De même si Satan contre lui se soulève,
Il périt, leur dit-il, et son pouvoir s'achève. »
   Et Jésus continue et va toujours prêchant,
Le miracle le suit, partout est bienfaisant ;

Il sait sur les esprits mesurer sa parole,
Eh ! qui sut mieux que lui peindre la parabole ?
Instruire, aller au cœur, mais de telle façon,
Qu'il présente à la fois l'exemple et la leçon.
Tout est pur, tout est saint dans sa douce doctrine,
Sa morale est parfaite, elle est toute divine ;
Pour donner sanction à son autorité,
Sa puissance apparaît, et sa divinité...
Fût-il quelque langueur de la nature humaine,
Qui n'ait été guérie à sa voix souveraine ?
Miracle bien frappant, il ranime les morts,
De ce nombre est Lazare ; ils reprennent leurs corps.
Mais une chose encor plus extraordinaire,
Que nul autre avant lui jamais n'avait pu faire :
Allez, dit-il, allez vos péchés sont remis ;
Et de l'âme les maux par lui seul sont guéris.
Quand au paralytique il tenait ce langage,
Les scribes le traitant de blasphême et d'outrage,
En eux-mêmes disaient : Quel est celui qui peut
Remettre les péchés que Dieu seul quand il veut ?
Et Jésus connaissant ce qu'ils pensaient d'hostile,
Leur dit alors : Quoi donc ! est-il plus difficile
De dire ces deux mots : Je remets vos péchés,
Ou ces deux autres mots : Levez-vous et marchez ?
Le Fils de l'homme peut, ô grâce salutaire,
Remettre les péchés à l'homme sur la terre.

Levez-vous et marchez, emportez votre lit,
Dit-il à ce malade, et se levant subit,
Chez lui s'acheminant, à Jésus rendait gloire.
Tout le monde étonné du miracle notoire,
Disait : C'est aujourd'hui que de nos propres yeux
Nous avons vu vraiment un fait prodigieux.

Arrêtons-nous ici ; quel étendu volume,
S'il fallait, en détail, tracer avec la plume,
Les miracles sans nombre opérés par Jésus !
Mais que dis-je ? un volume ! Oh ! saint-Jean disait plus :
Le monde entier, dit-il, ne pourrait pas suffire
Aux livres étendus qu'on pourrait en écrire.
Est-il donc surprenant que pour tant de bienfaits,
Il reçut des tributs d'hommages si parfaits ?

Mais dans Jérusalem quand il fit son entrée,
Ce fut un jour de fête et de pompe sacrée :
Béni-soit, disait-on, béni-soit le Seigneur,
Nous voyons arriver son règne avec bonheur :
Hosanna, criait-on, à lui salut et gloire,
C'est le fils de David de si digne mémoire,
C'est un règne béni, gloire au plus haut des cieux ;
Et la foule éclatait par des transports joyeux.

Il entre dans le temple, et là par parabole,
Ou par l'autorité de sa sainte parole,
Sadducéens, docteurs, scribes, pharisiens,
Succombent, n'osant plus faire des entretiens.

Le peuple qui l'écoute est en suspens, l'admire ;
Les prêtres principaux voudraient pouvoir lui nuire,
Et les scribes aussi, cherchent l'occasion
De pouvoir le saisir avec précaution ;
Ils voulaient éviter du peuple le tumulte,
Et s'emparer de lui par un moyen occulte ;
Et poussé par Satan, le perfide Judas,
Vient vers eux à propos, les tirer d'embarras :
Que me donnerez-vous ? je vous livre mon maître,
Dit-il, entre vos mains, je puis vous le remettre.
Ainsi parle le traître ; il paraissait content ;
L'on convient ; il reçoit trente pièces d'argent.
Mais Jésus se prépare à la Cène pascale ;
Ses Apôtres placés dans une grande salle,
Tous réunis, il dit : C'était tout mon désir,
De manger cette pâque avant que de souffrir.
Puis il institua la sainte Eucharistie,
Où son corps et son sang pour l'âme sont la vie.
Des Apôtres déjà les pieds étaient lavés,
Ils se trouvaient ainsi vraiment purifiés ;
Non pas tous cependant. Et Jésus leur bon maître,
A cette humble action, venait de se soumettre,
Leur indiquant par là, que tout supérieur,
N'est pas au fond plus grand que son inférieur :
« Faites-donc entre vous ce que je viens de faire,
Là se trouve, dit-il, l'égalité sincère. »

Prédisant qu'un d'entr'eux va bientôt le livrer :
Il va prendre le pain que je vais lui donner,
Dit Jésus ; aussitôt cet apôtre perfide
Sort, et va consommer son affreux déicide.
Jésus leur fait ensuite un bien touchant sermon,
Où lui-même servait d'exemple et de leçon ;
Leur montre à découvert des vérités frappantes,
Tendresse, charité, paroles consolantes ;
Leur épanche son cœur, les nomme ses amis,
Pour agir en son nom les ayant établis ;
Leur recommande encor, comme étant ses apôtres,
D'avoir amour constant les uns envers les autres ;
Il leur prédit les maux qu'ils auront à souffrir,
A Dieu l'on croira plaire en les faisant mourir.
Mais que dans les tourments ils prennent patience,
Car lui-même sera leur sûre récompense.
L'esprit consolateur qu'il va leur envoyer,
Leur enseignera tout, viendra les éclairer.
Ils vont se dissiper, l'abandonner lui-même ;
Et son anxiété devient alors extrême.
Pierre, hélas ! un des siens, le reniera trois fois,
Avant qu'un coq ait pu faire entendre sa voix.
Du temple et de la ville il prédit la ruine,
La guerre précédant le siège et la famine ;
Puis les signes affreux du jugement dernier,
Qui devront précéder la fin du monde entier.

Jésus en terminant ajoute une prière,
Se soumet, s'abandonne aux décrets de son père;
De tout le genre humain il voudrait le salut,
Et recommande aux siens de tendre au même but.

Qui peindra maintenant ce grand drame tragique,
Dont chaque scène affreuse est vraiment historique,
Offrant à nos regards cet Homme des douleurs,
Hélas! sur une croix, mourant pour les pécheurs.
Il allait expirer; la nature sensible
Voulut prendre le deuil de cette mort horrible:
Des miracles nombreux témoignent à l'instant,
Qu'on a crucifié son maître tout puissant.
Tous les gardes saisis de la plus vive crainte,
Confessent qu'il est Dieu, le déclarent sans feinte;
Comme eux le centenier se trouvant sur le lieu,
S'écrie à cet aspect: c'est là le Fils de Dieu.

Il était vraiment Dieu, Jésus sur le Calvaire,
Pour tout le genre humain victime volontaire;
Véritable Isaac, la croix fut son autel;
Elevé sur ce trône, il y règne immortel.
Soit bénie à jamais cette tête sacrée!
Par de cruels bourreaux d'épines couronnée;
Diadème sanglant; c'était pour nous offrir
Celui que nos vertus peuvent nous acquérir;
Diadème sacré qui couronne nos têtes,
Quand on arrive au ciel par de saintes conquêtes.

Sa bouche nous dicta les lois de l'Evangile ;
Sa divine éloquence en œuvres fut fertile :
Elle attirait à lui, ne s'adressant qu'au cœur,
Et ne cherchait partout qu'à gagner le pécheur ;
En prenant tous les tons elle instruisait le monde.
A l'égard du pécheur elle est souvent féconde ;
C'est celle de la grâce et de la charité ;
Avec elle est le sceau de la Divinité ;
Elle retentira jusqu'au bout de la terre ;
Par la divine croix on voit bien qu'elle opère ;
Elle apporte en tous lieux la paix et le pardon,
Miséricorde à tous, même au vrai bon larron.
Bénissons à jamais ses glorieuses mains,
Qui, libres, prodiguaient les faveurs aux humains ;
Les voilà maintenant, sur la croix étendues,
Et dans ses bras ouverts nos âmes sont reçues,
Lorsqu'étant avec lui bien réconcilié,
On désire l'ardeur de sa sainte amitié.
Qu'ils soient bénis ces pieds qui firent tant de courses,
En procurant partout les plus saintes ressources ;
Les voilà maintenant tous transpercés de clous,
Et s'il ne marche plus, c'est qu'il nous attend tous.
Allons donc vers la croix ; qu'elle soit notre guide ;
En elle est le salut où la gloire réside.
O béni-soit son cœur, victime de l'amour !
Il est pour le chrétien l'espoir de chaque jour,

Console la douleur, sert d'asile au coupable,
Et le fidèle y trouve un repos favorable.
La Vierge y puise aussi de célestes désirs,
Là, la pourpre rougit pour orner les martys ;
A l'abri de ce cœur la résistance est sûre,
Dans les combats livrés à l'humaine nature ;
Et la paix qui toujours marche avec la vertu,
A fixé dans ce cœur son séjour continu ;
Ce cœur est sur l'autel la seule et digne hostie,
Et tous les jours pour nous à Dieu se sacrifie ;
A Dieu qui trop souvent par nous est offensé,
Se présente ce cœur que l'amour a blessé.
De ce cœur qu'un soldat transperça d'une lance,
Se répand aussitôt la grâce en abondance ;
Et ce sang, et cette eau qu'on vit en découler,
C'était pour nous guérir et nous purifier ;
C'est cette eau qui jaillit pour la vie éternelle ;
Notre cœur par ce sang revit, se renouvelle ;
C'est ce cœur humble et doux, océan de bonté,
C'est lui qui fait en nous germer la sainteté ;
Nous causons à ce cœur hélas ! trop d'amertume,
Et pourtant son amour jamais ne se consume ;
Il désire ardemment le salut de nous tous,
Nous encourage même à cet espoir si doux ;
Et pourquoi des ingrats lui font-ils des outrages,
Quand ils devraient offrir leurs sincères hommages?

Nous fêtons de Jésus le jour du Sacré-Cœur ;
L'Eglise le célèbre avec un juste honneur ;
Elle sait que ce cœur est rempli de richesses,
Propres à nous aider dans toutes nos détresses,
Demandons à Jésus qu'il daigne départir
Pour nous tous les vrais biens pouvant nous convenir ;
Et qu'il ait envers nous des desseins pacifiques,
Lorsque nous gémissons sous des douleurs publiques.
Venez à moi, dit-il, et vos cœurs affligés,
S'épanchant dans le mien, en seront soulagés ;
Viens à moi, viens, mon fils, qu'à moi ton cœur se donne ;
Je désire y régner comme sur un vrai trône,
Et lui communiquer de mon amour le feu :
Puisse-t-il, mon amour, s'allumer en tout lieu !
    Tel est le saint soupir de ce cœur adorable,
Qui dans sa charité se montre inépuisable.
Oui, la croix, nous apprend à bénir le Sauveur,
Qui veut jusqu'à la mort attendrir notre cœur.
Allons donc à la croix, et contemplons Marie,
Qui vit son fils mourir avec ignominie ;
Aux pieds de cette croix gémissante et debout,
Sur ce théâtre, hélas ! elle tient jusqu'au bout.
Quel spectacle cruel pour une tendre mère !
Ah ! qui n'est pas ému de sa tristesse amère ?
Elle sentit son cœur d'un glaive transpercé ;
Sur la croix son amour était toujours fixé.

D'où vient donc de Marie une telle constance ?
Avec son fils ayant des traits de ressemblance ;
Comme Jésus-Christ meurt victime de l'amour,
Marie est là de même, et s'immole à son tour ;
Et souffre dans son cœur le plus rude martyre,
Que l'homme ne saurait exprimer ni décrire ;
De l'amour maternel devant porter le poids,
Comme l'amour a mis son cher fils sur la croix.
Les flots de la douleur l'abreuvent d'amertume,
Sans qu'il puisse arriver que son cœur se consume.
Là s'accomplit le mot du vieillard Siméon ;
Ce glaive de douleur, c'était la passion,
Et les atrocités de ce sanglant mystère,
Que l'Esprit-Saint montrait d'avance à cette mère.
Elle devait percer cet horrible avenir,
Et ce cruel tableau le voir et le souffrir.
Pendant trente-trois ans, la sombre prophétie
Ne cessa d'affliger et d'oppresser Marie.
Dieu voulait qu'elle fût la reine des douleurs ;
A la mère ordinaire il cache ses malheurs,
Mais Marie à son fils devant être semblable,
Allait sentir de loin ce mal épouvantable ;
Et pour prix des douleurs de sa maternité,
Elle aurait les chrétiens pour sa postérité.
Adoptés comme enfants, par notre Dieu le père,
Jésus-Christ devenu par sa mort notre frère ;

Marie avait dès lors adopté pour enfants
Les chrétiens qui seraient envers elle constants.
Oui, comme ses enfants, elle aime à reconnaître
Ceux qui devant la croix, se plaisent à paraître,
Contrits et méditant d'un Dieu la passion,
Toujours prix infini de leur rédemption ;
S'en appliquant les fruits par une bonne vie,
En imitant surtout les vertus de Marie.
Tâchons de n'être pas enfants dégénérés ;
Pourquoi donc nous tenir loin d'elle et séparés :
Comme par Jésus-Christ on va vers Dieu le Père,
De même on peut venir vers le fils par la mère.
Daignez avec bonté sur nous tourner les yeux ;
Et quand nous sortirons de ces terrestres lieux,
Montrez-nous, ô Marie, ô pieuse et clémente,
Le fruit de votre sein qui du juste est l'attente.
O mon Dieu ! qu'ici-bas l'on adore Jésus !
De tous les noms sacrés ce nom est au-dessus.
A ce nom du Sauveur que tout genou fléchisse,
Que la langue le chante, et tout cœur le bénisse,
Jusqu'à ce dernier jour, où des saints l'unité,
Dira : Gloire à l'agneau, dans l'immortalité.

CHAPITRE VI.

Sancta Maria, mater Dei.

Dans le cinquième siècle on vit une hérésie
Par l'enfer suscitée et vite anéantie.
Nestorius osa répandre son erreur,
En parlant sur le ton d'un vrai blasphémateur,
En Marie il niait de Jésus-Christ la mère,
Et voulait ébranler la foi de ce mystère.
Dans l'Eglise d'Ephèse un concile important
Où de deux cents prélats Cyrille est président,
Sommant Nestorius de vouloir comparaître,
Mais en vain... ses écrits le font assez connaître,
La lecture en est faite, et ce cri part du cœur :
Erreur... doctrine impie, anathême à l'erreur !
Ces funestes écrits se trouvent tous contraires
A la Sainte Ecriture, au langage des pères ;
Marie a conçu vierge, elle est mère de Dieu,
C'est sous ce nom sacré qu'on l'honore en tout lieu.
Honneur, gloire à Marie ! elle est de Dieu la mère ;
Sous ce nom désormais sera notre prière,
S'écria tout le peuple instruit du jugement:
L'erreur a mérité ce juste châtiment.
Depuis ce temps l'Eglise a, par son témoignage,
Des pères du concile acclamé ce langage;

Et c'est depuis ce temps qu'à *l'Ave Maria*,
Outre ces mots sacrés que le décret porta,
L'Eglise révérant cet auguste mystère,
A toujours invoqué de Dieu la sainte Mère,
En ajoutant encor : Priez pour nous pécheurs :
Langage consolant, et l'espoir de nos cœurs.
Eh quoi ! fut-il jamais un saint dont les louanges,
Soient au-dessus de ceux de la Reine des anges ?
Sans doute bien des saints méritants et connus,
Se sont fait remarquer par de grandes vertus ;
Avec Marie aucun n'est mis en parallèle,
De toutes les vertus Marie est le modèle ;
Et l'Eglise en voyant ses grands traits tout divins,
La nomme du vrai nom : Reine de tous les Saints.
Oh ! que l'humilité fut grande dans Marie !
Prenez, voyez, lisez l'histoire de sa vie.
Son histoire, il est vrai, d'elle nous dit bien peu ;
C'est que Marie était toute cachée en Dieu.
Ne nous étonnons pas si librement son âme,
S'élevait vers son Dieu par la plus vive flamme :
Plus on est vraiment humble et détaché du cœur,
Plus on est embrasé de l'amour du Seigneur ;
Et cet amour de Dieu dut en elle produire
Un autre ardent amour impossible à décrire.
Envers tous ses enfants sa vive charité,
Veille toujours sur eux pour leur utilité.

Son fils est à la croix pour nous sur le Calvaire,
Elle immole son cœur, y devient notre mère;
Et depuis qu'elle règne avec lui dans les cieux,
De son amour pour nous que de faits glorieux!
  Que dire maintenant de sa foi si sublime,
Sur laquelle Augustin en ces termes s'exprime :
A ce qui lui fut dit par l'ange Gabriel,
Marie en y croyant, à l'homme ouvrit le ciel.
En Jésus-Christ, sa foi la rendit plus heureuse,
Que d'en avoir été mère miraculeuse.
Pour saint Cyrille elle est la Reine de la foi;
L'hérésie en éprouve un véritable effroi.
Réjouissez-vous donc, dit l'Eglise, ô Marie,
A votre nom partout disparaît l'hérésie;
Ranimez donc la foi parmi tous les chrétiens,
Rendez-la vivifiante et féconde en tous biens.
  Oh! qu'ils mettent en vous toute leur confiance,
Comme l'Eglise en vous met sa seule espérance,
Espérance d'où vient l'entier renoncement,
Vertu que posséda Marie éminemment;
Par l'exemple elle instruit mieux que le roi prophète;
Que je m'attache à Dieu, qu'à lui je me soumette,
C'est mon unique bien, le monde est un désert;
Qu'est donc la créature et tout ce qu'elle acquiert?
Que ne s'occupe-t-on de l'importante affaire,
Qui pour nous, après tout, est la plus nécessaire?

Comme lè voyageur veut parvenir au but,
Les efforts du chrétien doivent tendre au salut;
Mais le pourrait-il bien sans obtenir la grâce?
Quand il a ce secours, son cœur n'est plus de glace,
Et tout le bien qu'il fait augmente son espoir;
Au séjour des élus Dieu daignera l'asseoir.
Après Jésus qu'il aime, il espère en Marie;
Non, non, jamais en elle en vain on se confie.
    De Marie, Oh! qui peut peindre la chasteté?
Vierge par excellence, et dont la pureté
La fit de l'Esprit-Saint la digne et sainte épouse:
Vertu dont elle fut devant Dieu si jalouse,
Que, pour la décider, un ange lui promit
Que sa maternité viendrait du Saint-Esprit.
Chasteté de Marie au-dessus des louanges
Et qui lui mérita d'être Reine des anges!
De la virginité, Marie est l'étendard,
Pour celui qui la prie, elle est un sûr rempart.
Suivez-la vers la gloire, elle est le meilleur guide;
Que son humilité vous serve aussi d'égide;
Et sous ce bouclier votre virginité
Gardera constamment sa première bteaué.
    Mais une autre vertu que possède Marie:
Loin d'avoir ces faux biens qu'on recherche en la vie,
Elle eut le nécessaire, et n'aima rien de plus;
De son temps la richesse avait bien ses abus;

Elle ne recherchait pour unique partage,
Que de posséder Dieu, comme son héritage.
Dès l'âge le plus tendre elle avait fait le vœu
De ne rien posséder pour mieux s'unir à Dieu.
Ainsi vivaient Joseph, et Jésus et sa mère,
Et cette humble famille éloignait la misère,
Sachant par le travail suffire à ses besoins,
Et même aux malheureux donner encor des soins.
Quelle grande leçon pour le chrétien cupide!
Supposez, si l'on veut, sa fortune splendide :
S'il en est possédé l'or devient son tourment,
Et sert à son malheur de cruel instrument.
Voilà pourquoi Jésus nomme béatitude,
Le mépris des faux biens avec leur servitude.
Renoncez, nous dit-il, et d'esprit et de cœur,
Aux honneurs qui souvent causent votre malheur,
Et ce détachement, et cette indépendance
Nous procurent des cieux la riche récompense.
Riches... Vos biens ne sont qu'un dépôt dans vos mains;
Ah! ne soyez donc pas orgueilleux, inhumains;
Dieu vous laisse jouir du fruit de vos richesses,
Mais ne délaissez pas le pauvre en ses détresses :
C'est là que l'on connaît cette fraternité,
Que la religion nomme la charité;
De l'éternelle mort l'aumône vous délivre;
Votre âme pour le ciel un jour saura survivre.

Pauvres en vérité, vous êtes bien heureux ;
Vers Jésus et Marie élevez donc les yeux ;
Demandez au Seigneur son amour et sa grâce,
Voilà les seuls vrais biens, aucun ne les surpasse ;
Votre état de souffrance et votre pauvreté
Préparent au bonheur, à l'immortalité.

Marie encor toujours fut très-obéissante,
Du Seigneur se disait la très-humble servante.
En désobéissant, Eve avait tout perdu,
Mais en obéissant, Marie a tout rendu.
Obéissance entière et d'autant plus parfaite,
Qu'elle est pour le chrétien toujours fidèle et prête.
Son fils mourant en croix pour le salut de tous,
Son cœur devint martyr et s'immola pour nous.
Dieu voulait qu'elle fût du genre humain la mère,
Et son cœur accepta de l'amour ce mystère.
Comme Marie à Dieu soyons obéissants,
Elle nous aimera, nous sommes ses enfants.

Nommerons-nous encor cette vertu sublime,
Dont Marie à jamais pour l'homme fut victime,
Patience invincible aux plus grandes douleurs,
Qui la fit appeler refuge des pécheurs ?
L'homme doit ici-bas s'attendre à la souffrance,
Il doit la supporter avec obéissance ;
Au prix du sang la palme est acquise au martyr,
Et par la patience on peut tout acquérir.

Accourons vers Marie, elle est consolatrice,
Elle sera toujours notre libératrice;
La Reine des martyrs aide à porter nos croix;
Toujours des affligés elle écoute la voix.

Piété de Marie, ardeur de sa prière,
Effusion d'amour, abandon vrai, sincère!
Dans cet état parfait, Dieu devient familier
A l'âme avec laquelle il veut communiquer;
En toute occasion prions avec Marie:
Pour l'âme devant Dieu la prière est sa vie;
C'est l'encens qui s'élève aux pieds de l'Eternel,
La grâce alors descend abondamment du ciel.

En toutes les vertus Marie est exemplaire,
Miroir le plus parfait, comme le plus sincère.
Pratiquons la vertu qui peut nous rendre heureux;
Marie aime toujours les chrétiens vertueux.

Sainte Mère de Dieu, soyez notre refuge;
Désarmez, apaisez notre souverain juge;
Faisons cet humble aveu, nous sommes tous pécheurs;
Ce déplorable état cause tous nos malheurs,
Mais conservons l'espoir, et reprenons courage,
Les maux que nous souffrons hélas! sont notre ouvrage,
Recourons à Marie, elle accorde toujours,
A la vie, à la mort, son utile secours;
Elle entend nos soupirs dans nos maux domestiques;
Elle a mis fin souvent aux misères publiques;

En tout temps, en tous lieux on a vu sa bonté
Répandre ses faveurs sur notre humanité.

CHAPITRE VII.

Ora pro nobis peccatoribus.

Priez pour nous, Marie, eh ! oui, que veut-on dire ?
Ce mot pris en commun, la charité l'inspire ;
Ce n'est pas pour moi seul, vous dit chaque chrétien ;
Mais nous prions pour nous et pour notre prochain.
Daignez offrir à Dieu notre faible prière ;
Souvent elle est si froide et ne saurait lui plaire.
Quand c'est vous qui parlez, Jésus et attentif,
Vous écoute toujours, pour vous est expansif ;
Vos paroles pour lui ne furent jamais vaines ;
Par vous nous obtenons des grâces bien certaines,
Invisibles souvent, mais dont le but réel
Tend à nous procurer le bonheur éternel.

La vie est une mer qui, par les vents poussée,
Jusqu'en ses profondeurs parfois bouleversée,
Sélève, s'amoncèle en des montagnes d'eaux,
S'entrouvre tout-à-coup, engloutit les vaisseaux ;
Les vagues retombant referment les abîmes,
Et la mer dans son sein dévore ses victimes.

D'autres fois elle semble être moins en fureur,
Mais ce trouble souvent inspire de l'horreur ;
Elle soulève moins ses ondes écumantes,
Pas de terrible aspect de vagues menaçantes ;
Au milieu des dangers on conserve l'espoir ;
On reprend terre enfin, quel bonheur de la voir !
La mer paraît souvent bien moins séditieuse,
Apparente en douceur, mais non moins dangereuse,
Même son mouvement qu'on sait si régulier
Ne nous promet jamais un calme tout entier.
Oui la mer fut toujours cet élément perfide
Qui souvent aux mortels tend un piège homicide.
Avec tous ses dangers, heureux, trois fois heureux
Celui qui peut braver ses sirtes périlleux.
Image de la vie ! elle est souvent frappée
De la nuit de la mort soudain enveloppée,
Par ces terribles coups de déplorable fin,
Tantôt elle traverse, en son cours incertain,
Des temps où l'on doit craindre et pressentir l'orage,
Et c'est alors la mer menaçant du naufrage.
Cette onde qui se fuit, revient turbulemment,
Et se lève, et se heurte et roule constamment ;
C'est la vie en discorde et sans cesse agitée,
Dans ce trouble et ce choc elle-même emportée ;
De même que la mer, bouleversant ses eaux,
Elève, abaisse, agite, emporte les vaisseaux ;

Ces fureurs de la mer, ces écueils redoutables,
Ce sont nos passions et leurs maux innombrables.
Hélas ! pour terminer par le mot de malheur,
Et la vie et la mer présentent la terreur.
Etoile de la mer, ô puissante Marie,
Sauvez-nous des dangers qui menacent la vie,
A chaque instant daignez en diriger le cours ;
Ne nous refusez pas votre puissant secours ;
En traversant la vie, ayons-en l'assurance,
Nous parviendrons au port ; redoublons d'espérance :
L'enfant, l'adolescent, l'homme mûr, le vieillard,
Désirent que sur eux vous jetiez un regard,
O mère de bonté, propice salutaire ;
Montrez-vous chaque jour leur bonne et tendre mère.

En votre honneur, Marie, existe en ce moment,
Dans la ville du Puy, le plus beau monument,
Que le génie et l'art, d'un concours admirable,
Aient pu rendre jamais le plus inimitable.
Monument colossal sur un roc élevé,
Jadis par la nature à ce but réservé ;
Monument composé du fer de la victoire,
Nous présentant Marie et ses titres de gloire.
Oh ! oui, vraiment Marie est la mère de Dieu,
La vierge immaculée, honorée en tout lieu ;
Au bras droit son fils né pour le salut du monde,
Venant guérir d'Adam la blessure profonde ;

Elle foule à ses pieds le dragon infernal,
Qui corrompit Adam de son venin fatal ;
On la voit triomphante, elle est posée en reine ;
Du ciel et de la terre elle est la souveraine ;
Sur sa tête l'on voit douze astres lumineux,
Eclairant les mortels par leurs rayons, leurs feux.
C'est là le monument qu'a consacré la France,
A celle qui toujours fut sa douce espérance.
Notre-Dame-de-France ! à vous l'auguste nom
Que Combalot choisit par prédilection.
La France, oh ! oui, devait être reconnaissante ;
Tant vous avez été pour elle bienfaisante !
   Réjouissez-vous donc, trop heureuse cité,
D'avoir un monument de tant de majesté ;
Soyez-en la gardienne et la dépositaire,
A vous comme à la France il sera salutaire,
Souvenez-vous du jour si pompeux et si beau,
Où Marie apparut sur son trône nouveau,
Ou de la piété la grandeur, la noblesse
Eclataient en transport d'une sainte allégresse ;
Jour dont la gloire ira dans la postérité,
Rappelant à jamais cette solennité.
Oui, félicitez-vous de votre culte antique ;
Le temple de Marie est une basilique,
Possédant désormais les plus grandes faveurs,
Attirant à Marie encore plus de cœurs.

Continuez , Marie , à donner à la France
Des signes non douteux de votre bienveillance ;
L'Eglise en ce moment souffre, est dans la douleur
De grâce, obtenez-lui l'Esprit consolateur ;
Protégez-la toujours , rendez-la triomphante ;
La passion, l'erreur contre elle est impuissante ;
De la religion multipliez les fruits ;
Que par vous les mortels au salut soient conduits.

CHAPITRE VIII.

Nunc et in horâ mortis nostræ.

La mort est ce voleur qui la nuit vient surprendre ,
Sans nous donner le temps, les moyens de l'attendre ;
La vie est la vapeur qu'on aperçoit dans l'air ,
Et qui dans un instant s'enfuit comme l'éclair.
L'heure de notre mort toujours est incertaine ;
Chaque pas nous conduit vers elle, et nous entraîne ;
Mais quand la fin arrive , est-on toujours bien prêt
Pour faire sûrement ce triste et long trajet ?
Paraissant devant Dieu qui justement accuse
Qu'aurons-nous à repondre , à dire pour excuse ?
Un livre contient tout ; pour lui rien n'est caché ;
Il a lu dans nos cœurs le plus secret péché.

Ne pouvant éviter sa suprême justice,
Qui parlera pour nous d'une voix protectrice?
Si déjà de Marie, à nos derniers instants,
Nous avons obtenu les secours consolants,
Elle nous servira de puissante avocate;
Son action sera pour nous immédiate,
Et Jésus-Christ alors se laissant attendrir
Par Marie et les saints daignera nous bénir.
  Oui, conjurons Marie, à notre heure dernière,
De ne pas nous quitter comme une tendre mère,
Le démon cherche alors à nous désespérer;
De notre âme à tout prix il voudrait s'emparer;
Mais quand Marie accourt, quand elle nous protège,
L'ennemi disparait; on ne craint plus de piège;
L'âme redevient calme, et l'instant de la mort
Est vraiment le sommeil du juste qui s'endort.
O précieuse mort pour l'homme souhaitable!
Qu'il est beau qu'à Marie on en soit redevable!
  Oui, l'homme ne saurait agir ou bien prier,
Si vers son Dieu ses sens ne peuvent aspirer.
Souvent quand affaissé par une maladie,
Dans cet abattement, n'a presque plus de vie,
Priez pour lui, Marie, à ces derniers moments;
D'une mère envers nous montrez les sentiments.
Dans cet état, Marie, oh! soyez-nous propice;
A Dieu de notre vie offrez le sacrifice;

Daignez-vous souvenir que, pendant la santé,
Dans les doux mouvements de notre piété,
Vous avez entendu souvent notre prière,
L'Ave, le chapelet, ou même le rosaire ;
En ce moment suprême en vous est notre espoir,
Sur notre âme l'enfer ne saurait prévaloir ;
Rendez-nous calme et doux l'instant de l'agonie ;
Trop heureux si notre âme en quittant cette vie
Arrive enfin par vous au séjour de la paix ,
Où nous exalterons sans cesse vos bienfaits.

Priez pour nous , Marie, à notre dernière heure
Eh ! qui peut se flatter qu'elle soit la meilleure?
Si la mort vient frapper de ses coups imprévus ;
Par qui dans ce malheur serons-nous défendus?
Accourez , ô Marie, et plaidez notre cause ;
Si devant Jésus-Christ votre cœur s'interpose ,
Il devient aussitôt miséricordieux...
Par vous nous obtiendrons un jugement heureux.
Et d'où nous peut venir un si grand avantage ?
C'est de quelques *ave* le simple et faible hommage.
Rendons gloire à Marie, oh ! heureux le pécheur
Repentant et contrit envers le Dieu Sauveur.
Si l'on a prononcé dans le cours de la vie
Souvent avec amour le doux nom de Marie ,
Quand notre âme est soudain citée au tribunal ,
Elle a plaidé pour nous à ce moment fatal ,

Et déjà sa clémence a vaincu sa justice ;
Honneur, gloire à Marie ! elle est libératrice.
Elle nous accompagne au-delà du tombeau !
Sa bonté nous y rend un service nouveau.
Notre âme, avant d'aller au séjour de la gloire,
Hélas ! souffre souvent les feux du Purgatoire :
Jamais rien de souillé n'entrera dans les cieux,
Les cœurs purs ont seuls droit de voir Dieu, d'être heureux ;
Que d'âmes au contraire ont encor des souillures,
Et Dieu ne les reçoit qu'autant qu'elles sont pures ;
Chacune doit subir plus ou moins de douleurs,
Et devenir plus pure aux yeux d'un Dieu Sauveur,
Là, chacune en souffrant attend sa délivrance,
Ce désir la tourmente et fait son espérance ;
L'âme y conçoit le prix de la félicité,
Dont elle jouira dans l'immortalité ;
Elle y connaît son Dieu, sans cesse elle soupire
Après l'heureux instant qui viendra l'y conduire ;
Une prison de feux captive ses élans ;
Son supplice s'accroît par ses désirs ardents,
Le sang de Jésus-Christ coule au milieu des flammes,
En tempère l'ardeur, ce tourment de nos âmes,
Et dans ces tristes lieux de l'expiation,
Ce sang est leur espoir, leur consolation.
Oh ! mais vous qui jadis, en vivant sur la terre,
Aimâtes tant Marie, et la prîtes pour mère,

Qui la priez encor à l'heure de la mort,
Espérez, elle vient adoucir votre sort.
Tel est le sentiment de saint Bonaventure :
En Marie il avait une espérance sûre.
 Un autre saint a dit : Marie, en sa bonté,
Se présente en ces lieux de la captivité.
Ces lieux, il les compare à des ondes amères,
Que Marie adoucit, et les rend salutaires.
Là sont des malheureux dans une affreuse nuit,
Tourmentés par les feux, seule clarté qui luit ;
Mais s'ils ne souffrent pas des peines éternelles,
Ils ont de la terreur les atteintes mortelles ;
Cruelle incertitude ! et l'espoir cependant,
Qui leur semble s'éteindre, est toujours renaissant.
Et ces âmes hélas ! dans ce tourment plongées,
Quand Marie apparaît, se sentent soulagées.
 En remontant plus haut dans ces lugubres lieux,
Encor d'autres captifs et d'autres malheureux ;
Les épreuves y sont moins dures, moins durables,
Et les gémissements beaucoup moins lamentables,
Les feux moins violents ; tout semble s'embellir,
Et l'espoir du bonheur les fait bien moins souffrir.
Marie aussi leur porte un baume salutaire,
Et rend à chacun d'eux leur peine plus légère ;
Leurs larmes vont tarir ; il approche ce jour,
Où du ciel s'ouvrira pour eux l'heureux séjour.

Aux portes de ce lieu des âmes plus heureuses
Se couvrant de rayons, deviennent lumineuses ;
L'auréole commence à briller sur leurs fronts ;
Les traits de pureté se montrent plus profonds ;
Elles vont obtenir enfin leur délivrance,
Recevoir des élus la juste récompense ;
Marie y reconnaît tous ses enfants chéris,
Fait sortir triomphants tous ces heureux proscrits,
Les conduit elle-même à la béatitude,
Où la gloire et la paix auront leur plénitude.

Bernardin de Sienne en offrant ce tableau,
Nous montre que Marie, au-delà du tombeau,
Aime à nous adoucir la flamme expiatoire,
Ft peut nous délivrer des feux du Purgatoire.
Marie assiste donc au suprême moment,
Où nous devons paraître à notre jugement,
Pour entendre l'arrêt d'une sainte justice.
Marie est de notre âme encore protectrice,
Dans la captivité venant la soulager,
Ajoutons même encor qu'elle peut l'abréger.
Une tradition mémorable et pieuse,
Attribue à Marie une puissance heureuse :
A son Assomption elle obtint de son fils,
D'introduire avec elle un céleste parvis ;
Les âmes endurant les feux du Purgatoire :
Cette prison fut vide, et Marie eut sa gloire :

Privilège suivi d'un pouvoir permanent,
Envers ses serviteurs toujours prédominant.
Depuis ce temps on croit qu'aux fêtes de Marie
Ses enfants adoptifs volent vers la patrie.
Si nous nous rappelons l'amour de nos parents,
Qui peut-être en ce lieu sont encor gémissants,
Pour nous avoir montré beaucoup trop de tendresse,
Hélas ! considérons l'état de leur détresse ;
En tout temps et surtout en ces jours solennels,
Célèbres par Marie en bienfaits maternels,
Prions-la d'obtenir bientôt leur délivrance ;
Et Marie, écoutant sa douceur, sa clémence,
Sensible aux mouvements de l'amour filial,
Dans les touchants transports de son cœur libéral,
Viendra vers nos parents abrégeant leur supplice,
Sera vraiment leur mère et leur libératrice ;
S'élevant avec eux, cette Reine du ciel
Ira les présenter aux pieds de l'Eternel.
O vertueux enfants, rendez gloire à Marie ;
Par elle vos parents ont l'immortelle vie ;
Se trouvant pour jamais au nombre des élus,
Leur joie éclatera par l'immortel *Sanctus* ;
D'en haut vous les aurez pour anges tutélaires,
Et bien mieux qu'en ce monde ils seront vos vrais pères.
Au pape Jean vingt-deux Notre-Dame promit
Que ceux qui porteraient saintement son habit,

N'auraient pas à rester longtemps en purgatoire,
Et seraient appelés au séjour de la gloire,
Le samedi suivant, le jour de leur trépas,
Et sa bulle voulait que l'on n'en doutât pas.
Plus tard Paul cinq, rendant le même témoignage,
De cet heureux espoir confirma l'avantage :
L'Eglise, en consacrant de la semaine un jour,
Reconnaît dans Marie une grâce d'amour ;
Ses serviteurs constants à dire son office,
A faire en son honneur autre saint exercice,
Portant le scapulaire en emblême sacré,
Et l'ayant saintement par leur vie honoré,
Ayant aux jours prescrit pratiqué l'abstinence,
Morts en état de grâce auront leur délivrance,
Le jour du samedi qui suivra leur trépas ;
En sa bulle Paul cinq dit qu'il n'en doute pas.
    Que dirons-nous enfin de la cérémonie
Qui dure un mois entier en l'honneur de Marie ;
L'Eglise en destinant, par un culte pieux,
Un beau mois de Marie à la Reine des cieux,
A pris le mois de mai, printemps de la nature,
Où la terre reprend sa nouvelle parure,
Où l'esprit et le corps, reprenant leur vigueur,
Servent à ranimer les sentiments du cœur.
Si la nature alors, dans sa magnificence,
Nous fait briller partout d'un Dieu la Providence,

Nous aussi par nos chants publions les bienfaits
De celle que Dieu fit notre mère à jamais,
Cause de notre joie, elle répand sans cesse
Sur les chrétiens fervents ses trésors de largesse ;
Par un juste retour consacrons-lui nos cœurs,
Comme elle, aimons surtout la pureté des mœurs,
Par sa grâce tâchons dans ce mois de lui plaire,
Et nous éprouverons son pouvoir salutaire ;
En nous rendant plus purs, nous serons plus heureux,
Plus dignes de son cœur, et plus chers à ses yeux.
Imprudente jeunesse ! au printemps de la vie,
Laissez-vous émouvoir aux accents de Marie,
C'est l'accent d'une mère, et dans vos jeunes ans,
Elle veut diriger de vos cœurs les élans,
Trône de la sagesse, elle veut vous conduire
Au vrai bonheur auquel toute grande âme aspire,
elle est Rose mystique embaumant vos vertus ;
Elle est Tour de David où vous ne craindrez plus,
C'est cette maison d'or, de diamants brillante,
Que vos vertus rendront non moins éblouissante.
C'est un vase d'honneur et de dévotion,
Contre-poison du vice et de la passion ;
C'est l'Arche vraie encore de la sainte Alliance,
Renfermant du salut la plus sûre espérance ;
C'est cette belle étoile, étoile du matin,
Guidant l'homme ici-bas, dès qu'il entre au chemin,

Au chemin de la vie , où la nature humaine ,
Voyage trop hélas! d'une marche mondaine ;
C'est la mère du Christ , mère du Dieu Sauveur ,
Et notre mère encor aimant de tout son cœur.
C'est la mère sans tâche , et la vierge fidèle ,
Miroir de la justice , et son parfait modèle ;
Elle peut consoler dans toutes les douleurs ,
Et servir de refuge aux malheureux pécheurs ;
Le secours des chrétiens , vierge compatissante ,
Des anges et des saints la reine triomphante ;
Elle est encor pour nous cette porte du ciel ,
Ouvrant à ses enfants le séjour immortel.
Oui, si nous célébrons les fêtes de Marie ,
Qu'au mois de mai surtout on chante et que l'on prie
De son amour puissant les infinis bienfaits ;
Ah! que sur tous les cœurs elle règne à jamais.
Nous avons, ô Marie , en vous, notre espérance ,
A la vie, à la mort , soyez notre défense.
Puissions-nous sur la terre imiter vos vertus ,
Et nous voir réunis au nombre des élus.

Ainsi soit-il.